ESTATUTO DOS MAGISTRADOS JUDICIAIS

ANOTADO

e Regulamentos das Inspecções

OBRAS DO AUTOR

O Direito de Morrer, Suicídio e Eutanásia
Publicações Europa-América, 1987
Circulo de Leitores, 1993 (esgotado)

Citações e Notificações em Processo Civil e do Trabalho
Livraria Almedina, 1987 (esgotado)
A Confissão, Desistência e Transacção em Processo Civil e do Trabalho
Livraria Almedina, 1991
A Acção Executiva em Processo Laboral
Livraria Almedina, 1991
Manual dos Incidentes da Instancia em Processo Civil
do Cons.º Eurico Lopes-Cardoso. Actualizado
Livraria Petrony, 1992
Comentário ao Código dos Processos Especiais de Recuperação da Empresa e de Falência
Livraria Petrony, 1994
Manual de Processo do Trabalho
Livraria Petrony, 1992 (esgotado)
Livraria Petrony, 1998. Reimpressão
Código de Justiça Militar
Legis Editora, 1994
Código de Processo Civil Anotado
Livraria Petrony, 1997
Citações e Notificações em Processo Civil e do Trabalho
Livraria Almedina, 1997
Manual dos Recursos em Processo Civil e Laboral
Livraria Petrony, 1999
Manual dos Incidentes da Instância em Processo Civil
Actualizado
Eurico Lopes-Cardoso
Álvaro Lopes-Cardoso
Livrana Petrony 3.ª edição, 1999

ÁLVARO LOPES-CARDOSO
JUIZ – DESEMBARGADOR

ESTATUTO DOS MAGISTRADOS JUDICIAIS

ANOTADO

e Regulamentos das Inspecções

ALMEDINA

TÍTULO:	ESTATUTO DOS MAGISTRADOS JUDICIAIS
AUTOR:	ÁLVARO LOPES-CARDOSO
EDITOR:	LIVRARIA ALMEDINA – COIMBRA
DISTRIBUIDORES:	LIVRARIA ALMEDINA ARCO DE ALMEDINA, 15 TELEF. 239 851 900 FAX 239 851 901 E-mail: Livrarialmedina@mail.telepac.pt 3004-509 COIMBRA – PORTUGAL LIVRARIA ALMEDINA – PORTO R. DE CEUTA, 79 TELEF. 22 2059773 FAX 22 2039497 4050-191 PORTO – PORTUGAL EDIÇÕES GLOBO, LDA. R. S. FILIPE NERY, 37-A (AO RATO) TELEF. 21 3857619 FAX 21 3844661 1250-225 LISBOA – PORTUGAL
EXECUÇÃO GRÁFICA:	G.C. – GRÁFICA DE COIMBRA, LDA. PALHEIRA – ASSAFARGE 3001-453 COIMBRA E-mail: producao@graficadecoimbra.pt
	JANEIRO, 2000
DEPÓSITO LEGAL:	145420/99

Toda a reprodução desta obra, por fotocópia ou outro qualquer processo, sem prévia autorização escrita do Editor, é ilícita e passível de procedimento judicial contra o infractor.

NOTA PRÉVIA

A constante e parece que irremediável alteração da legislação, torna difícil, não só qualquer amadurecimento da doutrina, como a sedimentação duma jurisprudência, como a sua correcta actualização em obras a publicar.

Procurei considerar todas as "árvores" desta "floresta" jurídica que vai engrossando, até nesta matéria circunscrita dos Estatutos dos Magistrados Judiciais e do Ministério Público, actualizando até Novembro de 1999 (o que não significa que, no mês seguinte, já lhe tenham sido introduzidas "alterações", revisões, rectificações... – às vezes, como já sucedeu, rectificações de... rectificações e... anulações de rectificações, diplomas em duplicado...).

Acresce que, além de se legislar muito, se legisla mal.

Praticamente nunca, verdadeiramente, se reformaram institutos, limitando-se, quase sempre, a uma mera (e difícil de compreender) "recauchutagem" de diplomas.

Na pesquisa de legislação que tive de efectuar, socorri-me, com grande proveito, do precioso e generoso auxílio, de outras pessoas, dentre as quais devo destacar, sem prejuízo da dívida para as que, tantas, não menciono, mas não esqueço, da Presidência da República, a Sr.ª Dr.ª Maria do Carmo Neves, da Assembleia da República, a Dr.ª Maria Guadalpi, o Dr. José Luís Martins Tomé, o Dr. Fernando Vasco, a minha cunhada, Dr.ª Maria Fernanda Lima Lopes-Cardoso, do Conselho Superior da Magistratura, o Dr. Florival da Ponte, da Procuradoria-Geral da República, a Dr.ª Paula Marçalo.

Álvaro Lopes-Cardoso

Valongueira, Novembro de 1999

ESTATUTO DOS MAGISTRADOS JUDICIAIS

**Lei n.º 21/85
de 30 de Julho
com as sucessivas alterações, sendo, a última a**

**Lei n.º 143/99
de 31 de Agosto**

ESTATUTO DOS MAGISTRADOS JUDICIAIS

O Estatuto dos Magistrados Judiciais, aprovado pela Lei n.º 21/85, de 30 de Julho, foi sendo sucessivamente alterado pela Lei n.º 10/94, de 5 de Maio, Decreto-Lei n.º 342/88, de 28 de Setembro, e pelas Leis n.ᵒˢ 2/90, 44/98 e 81/98, respectivamente de 20 de Janeiro, de 3 de Setembro e de 3 de Dezembro.

Finalmente, a sexta alteração, foi feita pela Lei n.º 143/99, de 31 de Agosto, publicada sem qualquer preambulo ou justificação do seu sentido [1].

Na sua carência, e porque, embora modestamente, possa auxiliar a sua compreensão, vai inserida, a final, a "Exposição de motivos" que acompanhou a Proposta de Lei n.º 276/VII, como Adenda I [2].

---

[1] Sobre a evolução histórica do Estatuto dos Magistrados Judiciais e do Ministério Público, veja-se, com muito interesse, o Parecer n.º 8/95, da Procuradoria-Geral da República, em *Pareceres da PGR, vol. V., págs. 225 e seguintes.*

[2] Os artigos do texto, sem referência, são os deste Estatuto.

ASSEMBLEIA DA REPÚBLICA

LEI N.º 143/99
de 31 de Agosto

Sexta alteração ao Estatuto dos Magistrados Judiciais

A Assembieia da República decreta, nos termos da alínea c), do artigo 161.º da Constituição, para valer como lei geral da República, o seguinte:

ARTIGO 1.º

Os artigos 5.º, 7.º, 8.º, 10.º-A, 12.º a 17.º, 21.º, 23.º-A, 25.º a 29.º 34.º 36.º a 39.º, 42.º a 45.º, 47.º, 49.º, 56.º, 57.º, 59.º, 61.º, 68.º, 71.º, 73.º, 77.º, 85.º, 87.º, 116.º, 137.º, 138.º, 140.º, 147.º a 154.º, 158.º, 162.º, 166.º, 168.º a 170.º e 176.º, da Lei n.º 21/85, de 30 de Julho (Estatuto dos Magistrados Judiciais), alterada ao abrigo da autorização concedida pela Lei n.º 80/88, de 7 de Julho, pelo Decreto-Lei n.º 342/88, de 28 de Setembro, e pelas Leis n.ºs 2/90, de 20 de Janeiro, 10/94, de 5 de Maio, 44/96, de 3 de Setembro, e 81/98, de 3 de Dezembro, passam a ter a seguinte redacção [1]:

ARTIGO 2.º

São aditados aa. Estatuto dos Magistrados Judiciais, os artigos 37.º-A, 45.º-A, 123.º-A, 149.º-A, 150.º-A e 167.º-A, com a seguinte redacção [1]:

---

[1] As alterações e aditamentos vão inseridos no lugar próprio.

ARTIGO 3.º

1. Mantém-se em vigor o disposto no n.º 2, do artigo 73.º, da Lei n.º 21/85, de 30 de Julho, relativamente ao tempo de serviço prestado no território de Macau até 19 de Dezembro de 1999.
2. O prazo a que se refere a parte final do n.º 1, do artigo 169.º, é aplicável aos interessados que prestem serviço no território de Macau.

ARTIGO 4.º

1. É aplicável aos magistrados do Ministério Público, com as necessárias adaptações, o disposto na alínea *c*), do artigo 7.º, no n.º 2, do artigo 10.º-A, no n.º 3, do artigo 13.º, nas alíneas *g*) e *h*), do n.º 1 do artigo 17.º, no n.º 3, do artigo 21.º, no artigo 23.º-A, no n.º 2, do artigo 29.º, no n.º 3, do artigo 38.º, no n.º 6, do artigo 43.º, no n.º 4, do artigo 68.º, nas alíneas *d*) e *g*), do n.º 1, do artigo 73.º, no n.º 5, do artigo 85.º, no artigo 87.º, no n.º 3, do artigo 116.º, nos n.ºs 3 e 4, do artigo 148.º e no artigo 150.º-A, da Lei n.º 21/85, de 30 de Julho, na redacção da presente lei, bem como o disposto no n.º 3, da presente lei.
2. Os procuradores-gerais-adjuntos a que se refere o n.º 2, do artigo 49.º, da Lei n.º 3/99, de 13 de Janeiro, têm direito a um subsídio igual ao atribuído aos procuradores-gerais distritais, nos termos do n.º 2, do artigo 98.º, da Lei n.º 60/98, de 27 de Agosto.
3. É aplicável aos procuradores-gerais-adjuntos em serviço no Supremo Tribunal de Justiça o disposto no n.º 2, do artigo 27.º.

ARTIGO 5.º

É revogado o Decreto-Lei n.º 342/88, de 28 de Setembro.
1. Este Decreto-Lei respeitava à participação emolumentar dos Juízes Jubilados.

ARTIGO 6.º

O disposto no n.º 2, do artigo 27.º, produz efeitos na data de entrada em vigor da lei do Orçamento do Estado para 2000.

Aprovada em 2 de Julho de 1999 – O Presidente da Assembleia da República – *António* de *Almeida Santos*

Promulgada em 13 de Agosto de 1999
Publique-se.
O Presidente da República, JORGE SAMPAIO

Referendada em 18 de Agosto de 1999
O Primeiro-Ministro, *António Manuel de Oliveira Guterres*

CAPÍTULO I
Disposições gerais

ARTIGO 1.º
Âmbito de aplicação

1. Os Juízes dos tribunais judiciais constituem a magistratura judicial, formam um corpo único e regem-se por este Estatuto.
2. O presente estatuto aplica-se a todos os magistrados judiciais, qualquer que seja a situação em que se encontrem.
3. O Estatuto aplica-se igualmente, com as necessárias adaptações, aos substitutos dos magistrados judiciais quando em exercício de funções.

1. O n.º 1 corresponde, quase "ipsis verbis" ao n.º 1, do artigo 215.º, da Constituição da República Portuguesa, (epigrafado, Magistratura dos tribunais judiciais), integrando, com os artigos 216.º (Garantias e incompatibilidades) 217.º (Nomeação, colocação, transferência e promoção de juízes) e 218.º (Conselho Superior da Magistratura) o Capítulo III – Estatuto dos Juízes, do Título V Tribunais, da Parte III – Organização do poder político, da mesma Constituição.

2. Por seu turno, o artigo 4.º, da Lei n.º 3/99, de 13 de Janeiro, que aprovou a Lei de Organização e Funcionamento dos Tribunais Judiciais (que alterou a Lei n.º 38/87, de 23 de Dezembro), dispõe, sob a epígrafe "Independência dos juízes":

"1. Os juízes julgam apenas segundo a Constituição e a lei.
"2. A independência dos juízes é assegurada pela existência de um órgão privativo de gestão e disciplina da magistratura judicial, pela inamovibilidade e pela não sujeição a quaisquer ordens ou instruções, salvo o dever de acatamento das decisões proferidas em via de recurso por tribunais superiores.
"3. Os juízes não podem ser responsabilizados pelas suas decisões, salvo as excepções consignadas na lei.

Enquanto o artigo 3.º, do mesmo diploma reafirma a independência dos tribunais, apenas sujeitos à lei, o art. 2.º, se refere à "Função jurisdicional" e o artigo 1.º, define os tribunais judiciais, como órgãos de soberania com competência para administrar a justiça em nome do povo [1].

3. Sobre a "substituição de Juízes" dispõe o artigo 68.º, da Lei n.º 3/99, de 13 de Janeiro (Lei de Organização e Funcionamento dos Tribunais Judiciais):

"1. Os juízes de direito são substituídos, nas suas faltas e impedimentos, sucessivamente:

a) Por outro juiz de direito;

b) Por pessoa idónea, licenciada em direito, designada pelo Conselho Superior da Magistratura.

"2. Nos tribunais com mais de um juízo, o juiz do primeiro juízo é substituído pelo do segundo, este pelo do terceiro, e assim sucessivamente, por forma que o juiz do último juízo seja substituído pelo do primeiro.

"3. O disposto no número anterior é aplicável aos tribunais com mais de uma vara, bem como, com as devidas adaptações, às substituições nos juízos ou varas com mais de um juiz.

"4. Quando recaia na pessoa a que se refere a alínea *b*), do número 1, a substituição é restrita à prática de actos de carácter urgente.

"5. A substituição que se prolongue por período superior a 30 dias é remunerada por despacho do Ministro da Justiça, sob parecer favorável do Conselho Superior da Magistratura.

"6. A remuneração a que se refere o número anterior tem como limites um quinto e a totalidade do vencimento do juiz substituto ou um quinto e a totalidade do valor do índice cem da escala indiciária dos magistrados judiciais, se o substituto for alguma das pessoas mencionadas na alínea *d*), do número um".

---

[1] O artigo 2.º do diploma citado, atribui, entre o mais, aos tribunais judiciais a função de "reprimir a violação da legalidade democrática".

Sobre o significado desse conceito, pode ler-se em Gomes Canotilho e Vital Moreira, *Constituição da República Portuguesa Anotada*, 1984, 2.ª ed., I/80:

"A expressão "legalidade democratica" não se apresenta de fácil apreensão quanto ao seu sentido rigoroso, mas parece que o melhor significado que lhe cabe é o que abrange, não apenas as regras do Estado de "direito democrático" a que se refere o n.º 2 (do art. 3.º, da CRP), mas também a ideia da submissão das autoridades públicas à lei geral, de acordo com o "princípio da legalidade".

A substituição do Juiz Presidente do Tribunal Colectivo está prevista no artigo 10.°, do Decreto-lei n.° 186-A/99, de 31 de Maio (Regulamento da Lei n.° 3/99, de 13 de Janeiro – Lei de Organização e Funcionamento dos Tribunais Judiciais).

4. O parecer do Conselho Superior da Magistratura sobre a remuneração de substituição ou acumulações de funções, previstas nos artigos 68.° e 69.° desta Lei, a que se referem os n.ᵒˢ 5 e 6, daquele primeiro artigo deve mencionar as circunstâncias em que a substituição ou acumulação se efectuaram, bem como a relação ente a quantidade e a qualidade do serviço prestado – artigo 11.°, do citado Decreto-Lei n.° 186-A/9.

ARTIGO 2.°
Composição da Magistratura Judicial

A magistratura judicial é constituída por Juízes do Supremo Tribunal de Justiça, Juízes das Relações e Juízes de Direito.

1. O quadro de Juízes do Supremo Tribunal de Justiça, dos Tribunais da Relação e de Juízes de Círculo, é o que consta dos Mapas, respectivamente, IV, V e II, anexos ao Decreto-Lei n.° 186-A/99, de 31 de Maio, que regulamenta a Lei de Organização e Funcionamento dos Tribunais Judiciais – Lei n.° 3/99, de 13 de Janeiro (que revogou a Lei n.° 38/87 de 23 de Dezembro) – artigos 3.°, 4.° e 5.° daquele Decreto-Lei alterado pelo Decreto-Lei n.° 290/99, de 30 de Julho.

ARTIGO 3.°
Função da Magistratura Judicial

1. É função da magistratura judicial administrar a justiça de acordo com as fontes a que, segundo a lei, deva recorrer e fazer executar as suas decisões.

2. Os magistrados judiciais não podem abster-se de julgar com fundamento na falta, obscuridade ou ambiguidade da lei, ou em dúvida insanável sobre o caso em litígio, desde que este deva ser juridicamente regulado.

1. Sobre a "função jurisdicional" dispõe o artigo 2.°, da Lei n.° 3/99, de 13 de Janeiro (Lei de Organização e Funcionamento dos Tribunais Judiciais), que alterou a Lei n.° 38/87, de 23 de Dezembro:

"Incumbe aos tribunais judiciais assegurar a defesa dos direitos e interesses legalmente protegidos, reprimir a violação da legalidade democrática e dirimir os conflitos de interesses públicos e privados".

2. Sobre a "obrigação de julgar e dever de obediência à lei" dispõe o artigo 8.º do Código Civil (assim epigratado):

"1. O tribunal não pode abster-se de julgar, invocando a falta ou obscuridade da lei ou alegando dúvida insanável acerca dos factos em litígio.

"2. O dever de obediência à lei não pode ser afastado sob o pretexto de ser injusto ou imoral o conteúdo do preceito legislativo.

"3. Nas decisões que proferir, o julgador terá em consideração todos os casos gue mereçam tratamento análogo, a fm de obter uma interpretação e aplicação uniformes do direito".

3. Veja-se, ainda, a anotação ao artigo 1.º.

ARTIGO 4.º
Independência

1. Os magistrados judiciais julgam apenas segundo a Constituição e a lei e não estão sujeitos a ordens ou instruções, salvo o dever de acatamento pelos tribunais inferiores das decisões proferidas, em via de recurso, pelos tribunais superiores.

2. O dever de obediência à lei compreende o de respeitar os juízos de valor legais, mesmo quando se trate de resolver hipóteses não especialmente previstas.

1. Vejam-se os artigos 3.º (Independência dos tribunais) e 4.º (Independência dos juízes), da Lei de Organização e Funcionamento dos Tribunais Judiciais – Lei n.º 3/99, de 13 de Janeiro, que alterou a Lei n.º 38/87, de 23 de Dezembro.

E a anotação ao artigo 1.º.

2. Sobre a integração de lacunas da lei, dispõe o artigo 10.º, do Código Civil:

"1. Os casos que a lei não preveja são regulados segundo a norma aplicável aos casos análogos.

"2. Há analogia sempre que no caso omisso procedem as razões justificativas da regulamentação do caso previsto na lei.

"3. Na falta de caso análogo, a situação é resolvida segundo a norma que o próprio intérprete criaria, se houvesse de legislar dentro do espírito do sistema".

ARTIGO 5
Irresponsabilidade

1. Os magistrados judiciais não podem ser responsabilizados pelas suas decisões.

2. Só no casos especialmente previstos na lei os magistrados judiciais podem ser sujeitos, em razão do exercício das suas funções, a responsabilidade civil, criminal ou disciplinar.

3. Fora dos casos em que a falta constitua crime, a responsabilidade civil apenas pode ser efectivada mediante acção de regresso do Estado contra o respectivo magistrado, com fundamento em dolo ou culpa grave.

1. A expressão "com fundamento em dolo ou culpa grave" foi introduzida pela Lei n.° 143/99, de 31 de Agosto, que alterou a Lei n.° 21/85, de 30 de Julho (Estatuto dos Magistrados Judiciais) que entretanto sofrera várias alterações.

2. O n.° 2, do artigo 216.°, da Constituição da República Portuguesa, dispõe:
"Os juízes não podem ser responsabilizados pelas suas decisões, salvas as excepções consignadas na lei".

3. A norma do n.° 3, deste artigo, implica que a acção de responsabilidade civil deve ser proposta contra o Estado e que este, apenas em acção de regresso, a pode imputar ao seu agente.

4. Da "acção de indemnização contra magistrados" se ocupam os artigos 1083.° e seguintes, do Código de Processo Civil.

Aquele primeiro artigo dispõe que os magistrados são responsáveis pelos danos causados quando tenham sido condenados por crime de peita, suborno, concussão ou prevaricação; nos casos de dolo; quando a lei lhes imponha expressamente essa responsabilidade; quando deneguem justiça.

Se a denegação de justiça reunir os elementos necessários para constituir crime, observar-se-á, quanto a reparação civil, as disposições do Código de Processo Penal (arts. 1093.°, do Código de Processo Civil).

ARTIGO 6.º
Inamovibilidade

Os magistrados judiciais são nomeados vitaliciamente, não podem ser transferidos, suspensos, promovidos, aposentados, demitidos ou por qualquer forma mudados de situação, senão nos casos previstos neste Estatuto.

1. O n.º 1, do artigo 216.º, da Constituição da República Portuguesa, garante a inamovibilidade dos magistrados judiciais.

O n.º 1, do artigo 217.º, do mesmo diploma fundamental, determina que "a nomeação, a colocação, a transferência e a promoção dos juízes dos tribunais judiciais e o exercício da acção disciplinar competem ao Conselho Superior da Magistratura".

ARTIGO 7.º
Impedimentos

É vedado aos magistrados judiciais:

a) Exercer funções em tribunal ou juízo em que sirvam juízes de direito, magistrados do Ministério Público ou funcionários de justiça a que estejam ligados por casamento ou união de facto, parentesco ou afinidade em qualquer grau da linha recta ou até ao 2.º grau da linha colateral.

b) Servir em tribunal pertencente a círculo judicial em que, nos últimos cinco anos, tenham desempenhado funções de Ministério Público ou que pertençam ao círculo judicial em que, em igual período, tenham tido escritório de advogado;

c) Exercer funções em tribunais de 1.ª instância quando na sede da respectiva comarca, excepto nas de Lisboa e do Porto, tenha escritório de advocacia qualquer das pessoas referidas na alínea *a*).

1. Redacção introduzida pela Lei n.º 143/99, de 31 de Agosto, que alterou a Lei n.º 21/85, de 30 de Julho (Estatuto dos Magistrados Judiciais, que entretanto sofreu várias alterações), em que a epígrafe era "Garantias de imparcialidade".

Sobre esta mesma epígrafe o Capítulo VI, do Livro II, do Código de Processo Civil, na sua Secção I, enuncia os "impedimentos" dos juízes, e na Secção II, as "suspeições" de que pode ser sujeito – artigos 122.º e seguintes.

Enquanto dos "impedimentos, recusas e escusas" em processo penal se ocupam os artigos 39.° a 47.°, do Código de Processo Penal.

2. Sobre a "união de facto" relevante, veja-se o artigo 2020.°, do Código Civil, enquanto a Lei n.° 135/99, de 28 de Agosto, adopta medidas de protecção da união de facto.

CAPÍTULO II
Deveres, incompatibilidades, direitos e regalias dos magistrados judiciais

ARTIGO 8.°
Domicílio necessário

1. Os magistrados judiciais têm domicílio necessário na sede do tribunal onde exercem funções, podendo, todavia, residir em qualquer ponto da circunscrição judicial, desde que não haja inconveniente para o exercício de funções.

2. Quando as circunstâncias o justifiquem, e não haja prejuízo para o exercício das suas funções, os juízes de direito podem ser autorizados pelo Conselho Superior da Magistratura a residir em local diferente do previsto no número anterior.

3. Os juízes do Supremo Tribunal de Justiça e das Relações estão dispensados da obrigação de domicílio, salvo determinação em contrário do Conselho Superior da Magistratura, por motivo de serviço.

1. Os números 1.° e 3.°, deste artigo foram alterados pela Lei n.° 143/99, de 31 de Agosto, que alterou o a Lei n.° 21/85, de 30 de Julho (Estatuto dos Magistrados Judiciais), que entretanto já sofrera várias alterações.

2. Sobre o "domicílio" dispõem os artigos 82.° e seguintes do Código Civil, dizendo, nomeadamente, o artigo 83.°, que:

"1. A pessoa que exerce uma profissão tem, quanto às relações a que esta se refere, domicílio profissional no lugar onde é exercida a profissão.

"2. Se exercer a profissão em lugares diversos, cada um deles constitui domicílio para as relações que lhe correspondem".

E o n.º 2, do artigo 87.º, do mesmo Código: " O domicílio necessário é determinado pela posse do cargo ou pelo exercicio das respectivas funções".

3. Sobre a "sede", "área de competência" e "composição" dos Tribunais Judiciais, dispõe o artigo 2.º, do Decreto-Lei n.º 186-A/99, de 31 de Maio (Regulamento da Lei da Organização e Funcionamento dos Tribunais Judiciais Lei n.º 21/85, de 30 de Julho, alterada pela Lei n.º 3/99, de 13 de Janeiro) e aquele pelo Decreto-Lei n.º 290/99, de 30 de Julho, que, o Supremo Tribunal de Justiça tem sede em Lisboa, os Tribunais da Relação (entretanto foram criados, por aquele primeiro Decreto-Lei, os Tribunais da Relação de Guimarães e de Faro), têm a sede constante do Mapa V, anexo àquele diploma e os Tribunais e 1.ª instância, a sede constante do Mapa VI, do mesmo diploma.

4. Sobre a "divisão judicial do território" (Distritos Judiciais), dispõe o artigo 1.º, do Decreto-Lei n.º n.º 186-A/99, de 31 de Maio, atrás citado:

"1. O território nacional divide-se em quatro distritos judiciais, com sede, respectivamente, em Lisboa, Porto, Coimbra e Évora.

"2. Os distritos judiciais dividem-se em círculos judiciais de acordo com o mapa I, anexo ao presente diploma.

"3. Os círculos judiciais, constituídos por uma ou mais comarcas, são os constantes do mapa II, anexo ao presente diploma.

"4. As comarcas têm a sede e o âmbito territorial definidos no mapa III, anexo ao presente diploma".

5. Sobre a "autorização" para o magistrado residir fora do local onde se situe o seu "domicílio necessário", conforme definido no n.º 1, deste artigo, veja-se a alínea d), do n.º 1, do artigo 158.º.

ARTIGO 9.º
Ausência

1. Os magistrados judiciais podem ausentar-se da circunscrição judicial quando em exercício de funções, no gozo de licença, nas férias judiciais e em sábados, domingos e feriados.

2. A ausência nas férias, sábados, domingos e feriados não pode prejudicar a realização de serviço urgente, podendo ser organizados turnos para o efeito.

1. As "férias judiciais" decorrem de 22 de Dezembro a 3 de Janeiro, do domingo de Ramos à segunda-feira de Páscoa e de 16 de Julho a 14 de

Setembro – artigo 12.º, da Lei n.º 3/99, de 13 de Janeiro (Lei de Organização e Funcionamento dos Tribunais Judiciais).

2. Sobre "férias, faltas e licenças" vejam-se os artigos 10.º e 28.º.

3. Quanto ao serviço de turnos veja-se a anotação ao artigo 28.º.

4. Sobre a autorização para "ausência do serviço", veja-se a alínea c), do n.º 1, do artigo 158.º.

ARTIGO 10.º
Faltas

1. Quando ocorra motivo ponderoso os magistrados judiciais podem ausentar-se da circunscrição respectiva pelo número de dias que não exceda três em cada mês e dez em cada ano, comunicando previamente o facto ao Conselho Superior da Magistratura ou, não sendo possível, imediatamente após o seu regresso.

2. Não são contadas como faltas as ausências em dias úteis fora das horas de funcionamento normal da secretaria, quando não impliquem falta a qualquer acto de serviço ou perturbação deste.

3. São equiparadas ás ausências referidas no número anterior, até ao limite de quatro por mês, as que ocorram em virtude do exercício de funções de direcção em organizações sindicais da magistratura judicial.

4. Em caso de ausência nos termos dos números anteriores, os magistrados judiciais devem informar o local em que podem ser encontrados.

5. A ausência ilegítima implica, além de responsabilidade disciplinar, a perda do vencimento durante o período em que se tenha verificado.

1. Sobre "infracções disciplinares" veja-se o artigo 82.º.

2. A comunicação referida no n.º 1, quanto aos juízes da Relações e aos juízes dos tribunais de 1.ª instância, é feita, por delegação de poderes, ao Presidente da Relação do respectivo distrito judicial.

3. Sobre ausência ilegítima de serviço, veja-se a alínea c), o artigo 74.º (tempo que não conta para a antiguidade).

4. Sobre "vencimentos" (retribuições) vejam-se os artigos 1.º e 22.º.

ARTIGO 10.º-A
Dispensa de serviço

1. Não existindo inconveniente para o serviço, aos magistrados judiciais podem ser concedidas pelo Conselho Superior da Magistratura dispensas de serviço para participação em congressos, simpósios, cursos, seminários ou outras realizações, que tenham lugar no país ou no estrangeiro, conexas com a sua actividade profissional.

2. É, ainda aplicável aos magistrados judiciais, com as devidas adaptações, o disposto na lei geral sobre o regime de bolseiro, dentro e fora do País, quando se proponham realizar programas de trabalho e estudo, bem como frequentar cursos ou estágios de reconhecido interesse público.

3. O referido no número anterior será objecto de despacho do Ministro da Justiça, sob proposta do Conselho Superior da Magistratura, no qual se fixará a respectiva duração, condições e termos.

1. O número 2, deste artigo foi alterado pela Lei n.º 143/99, de 31 de Agosto, que alterou a Lei n.º 21/85, de 30 de Julho (Estatuto dos Magistrados Judiciais, que entretanto já sofrera várias alterações).

O Decreto-Lei a que a redacção anterior aludia, e para o qual o Estatuto do Ministério Público continua a remeter (artigo 88.º, desse Estatuto) é o n.º 272/88, de 3 de Agosto, que se refere à equiparação de bolseiros, de funcionários e agentes da Administração Pública.

2. Sobre a competência para autorizar a "dispensa de serviço", veja-se o n.º 2, 158.º.

3. Conforme a deliberação do C.S.M., de 8 de Maio de 1996 (Acta n.º 22), este proporá, favoravelmente, até cinco o número de candidaturas ao regime de equiparação a bolseiros, no País e indica os requisitos a que devem obedecer os candidatos.

ARTIGO 11.º
Proibição de actividade política

1. É vedado aos magistrados judiciais em exercício a prática de actividades político-partidárias de carácter público.

2. Os magistrados judiciais na efectividade não podem ocupar

cargos políticos, excepto o de Presidente da República e de membro do Governo ou do Conselho de Estado.

1. Interpretando esta norma, paralela da do artigo 82.º, do Estatuto do Ministério Público, em parecer n.º 89/85, da Procuradoria-Geral da República, citado no vol. V, dos "Pareceres da Procuradoria-Geral da República", a págs. 142, pronunciou-se ela no sentido de que os magistrados do Ministério Público, em efectividade, não podem nem participar activamente nos actos dos partidos políticos de promoção e realização das campanhas eleitorais dos candidatos a Presidente da República por eles apoiados, nem praticar actos que, embora inseridos naquela actuação e relativamente as quaisquer candidatos a Presidente a República, consistam na apresentação e apoio das candidaturas, designadamente promovendo, realizando ou participando activamente nas respectivas campanhas eleitorais.

2. Atendendo a que os Magistrados Jubilados não estão em "exercício" nem em "efectividade" e ao disposto no artigo 68.º, eles não estão impedidos das actividades mencionadas no número 1.º deste artigo nem sujeitos às excepções consignadas no número 2.º do mesmo artigo. (Pode ver-se, ainda, o artigo 13.º).

ARTIGO 12.º
Dever de reserva

1. Os magistrados judiciais não podem fazer declarações ou comentários sobre processos, salvo, quando autorizados pelo Conselho Superior da Magistratura, para defesa da honra ou para realização de outro interesse legítimo.

2. Não são abrangidas pelo dever de reserva as informações que, em matéria não coberta pelo segredo de justiça ou pelo sigilo profissional, visem a realização de direitos ou interesses legítimos, nomeadamente o do acesso à informação.

1. Este artigo foi completamente reformulado pela Lei n.º 143/99, de 31 de Agosto, sexta alteração à Lei n.º 21/85, de 30 de Julho (Estatuto dos Magistrados Judiciais).

2. Sobre o "segredo de justiça" e "acesso à informação" veja-se, com muito interesse, o vol. VI, dos "Pareceres da Procuradoria-Geral da República", que se ocupa dos "Segredos e sua tutela".

E, ainda, sobre o "Acesso à informação", a Lei n.º 65/93, de 26 de Agosto, cuja segunda alteração foi feita pela Lei n.º 94/99, de 16 de Julho.

3. O artigo 268.º, nos seus números 1.º e 2.º, da Constituição da República Portuguesa, confere aos cidadãos o direito de serem informados pela Administração, sempre que o requeiram, sobre o andamento dos processos em que estejam directamente interessados, bem como o de conhecer as resoluções definitivas que sobre eles foram tomadas, e o direito de acesso aos arquivos e registos administrativos, sem prejuízo do disposto na lei em matérias relativas à segurança externa e interna, à investigação criminal e à intimidade das pessoas.

Por seu lado, o Código do Procedimento Administrativo, aprovado pelo Decreto-Lei n.º 442/91, de 15 de Novembro (alterado pelo Decreto-Lei n.º 67/96, de 31 de Janeiro), no seu artigo 61.º, refere-se ao direito dos particulares à informação por parte dos órgãos administrativos.

Finalmente, a Lei n.º 65/93, de 26 de Agosto, regula o "acesso aos Documentos da Administração".

E a Resolução do Conselho de Ministros n.º 95/99 (DR, 1.ª série-B, de 25 de Agosto) legisla sobre a disponibilidade, em suporte digital, gratuita ou onerosa, de informação detida ou produzida pela Administração, tornando obrigatório para as direcções-gerais e serviços equiparados, bem como para os institutos públicos, a disponibilização em formato digital na Internet de toda a informação que seja objecto de publicação em papel.

O "Regulamento Orgânico da Comissão de Acesso aos Documentos Administrativos" foi aprovado pela Lei n.º 8/95, de 29 de Março. (Veja-se, ainda, o Decreto-Lei n.º 427/89, de 7 de Dezembro).

ARTIGO 13.º
Incompatibilidades

1. Os magistrados judiciais, excepto os aposentados e os que se encontrem na situação de licença sem vencimento de longa duração, não podem desempenhar qualquer outra função pública ou privada de natureza profissional, salvo as funções docentes ou de investigação científica de natureza jurídica, não remuneradas, e ainda funções directivas em organizações sindicais da magistratura.

2. O exercício de funções docentes ou de investigação científica de natureza jurídica carece de autorização do Conselho Superior da Magistratura e não pode envolver prejuízo para o serviço.

3. Os magistrados judiciais que exerçam funções no órgão executivo de associação sindical da magistratura judicial gozam dos direitos previstos na legislação sindical aplicável, podendo ainda beneficiar de redução na distribuição de serviço, mediante deliberação do Conselho Superior da Magistratura.

1. Este artigo foi reformulado e aditado um n.° 3, pela Lei n.° 143/99, de 31 de Agosto, sexta alteração à Lei n.° 21/85, de 30 de Julho (Estatuto dos Magistrados Judiciais).

2. Em 21 de Março de 1995, o C.S.M. deliberou (Acta n.° 15/95) sobre o exercício de funções estranhas à magistratura por parte de magistrados judiciais, designadamente, "ser desaconselhável que magistrados judiciais no activo ou com o estatuto de Jubilação, exerçam actividades não remuneradas estranhas à função jurisdicional, quando tais funções, pela sua natureza e segundo as regras da experiência, sejam susceptíveis de vir a repercutir-se na sua vida pública e revelar-se como incompatíveis com a dignidade indispensável ao exercício das suas funções, que importa preservar".

ARTIGO 14.°
Magistrados na situação de licença sem vencimento de longa duração

Os magistrados judiciais na situação de licença sem vencimento de longa duração não podem invocar aquela qualidade em quaisquer meios de identificação relativos à profissão que exerçam.

1. A Lei n.° 143/99, de 31 de Agosto, alterou a Lei n.° 21/85, de 30 de Julho (Estatuto dos Magistrados Judiciais, que entretanto já sofrera várias alterações), acrescentando apenas, quer na epígrafe, quer no texto "sem vencimento".

E corrigiu a concordância de "exercem" com "exerçam".

2. A restrição, como resulta do texto, não se aplica aos magistrados jubilados.

ARTIGO 15.°
Foro próprio

1. Os magistrados judiciais gozam de foro próprio, nos termos do número seguinte.

2. O foro competente para o inquérito, a instrução e julgamento dos magistrados judiciais por infracção penal bem como os recursos em matéria contraordenacional, é o tribunal de categoria imediatamente superior àquele em que se encontra colocado o magistrado, sendo para os Juízes do Supremo Tribunal de Justiça este último tribunal.

1. O número 2.º, deste artigo foi alterado pela Lei n.º 143/99, de 31 de Agosto, em relação à Lei n.º 21/85, de 30 de Julho (Estatuto dos Magistrados Judiciais, que entretanto já sofrera várias alterações), restringindo-se agora aos "recursos" em matéria contra-ordenacional.

O regime geral relativo às contra-ordenações, tanto no plano substantivo, como processual é o estabelecido no Decreto-Lei n.º 433/82, de 29 de Outubro, actualizado pelos Decretos-Lei n.ºˢ 356/89, de 17 de Outubro e 244/95, de 14 de Setembro [1].

O processamento e julgamento das contravenções e transgressões, é regulado pelo Decreto-Lei n.º 17/91, de 10 de Outubro.

ARTIGO 16.º
Prisão preventiva

1. Os magistrados judiciais não podem ser presos ou detidos antes de ser proferido despacho que designe dia para julgamento relativamente a acusação contra si deduzida, salvo em flagrante delito por crime punível com pena de prisão superior a três anos.

2. Em caso de detenção ou prisão, o magistrado judicial é imediatamente apresentado à autoridade judiciária competente.

3. O cumprimento da prisão preventiva e das penas privativas da liberdade pelos magistrados judiciais ocorrerá em estabelecimento prisional comum, em regime de separação dos restantes detidos ou presos.

4. Havendo necessidade de busca no domicílio pessoal ou

---

[1] O recente acórdão do Tribunal Constitucional (n.º 319/99, publicado na 2.ª série do DR, de 22 de Outubro), julgou inconstitucional a norma constante dos artigos 59.º, n.º 3 e 61.º, n.º 1, do Decreto-Lei n.º 433/83, de 29 de Outubro, quanto interpretado no sentido de que o recurso apresentado em processo de contra-ordenação sem conclusões deve ser imediatamente rejeitado, sem que o recorrente seja previamente convidado a apresentar as conclusões em falta.

profissional de qualquer magistrado judicial é a mesma, sob pena de nulidade, presidida pelo juiz competente, o qual avisa previamente o Conselho Superior da Magistratura, para que um membro delegado por este Conselho possa estar presente.

    1. Este artigo, com excepção do seu n.º 3, foi reformulado pela Lei n.º 143/99, de 31 de Agosto, que alterou a Lei n.º 21/85, de 30 de Julho (Estatuto dos Magistrados Judiciais, que entretanto, e por seu turno, já sofrera várias alterações).

    2. A "autoridade judiciária competente" será, de harmonia com o disposto no artigo 15.º, a de categoria imediatamente superior àquela em que o magistrado se encontra colocado ou, sempre, o Supremo Tribunal de Justiça, tratando-se de Juízes deste Tribunal.

ARTIGO 17.º
Direitos especiais

    1. São direitos especiais dos juízes:

    a) A entrada e livre trânsito em gares, cais de embarque e aeroportos mediante simples exibição de cartão de identificação;

    b) O uso, porte e manifesto gratuito de armas de defesa e a aquisição das respectivas munições, independentemente de licença ou participação, podendo requisitá-las aos serviços do Ministério da Justiça, através do Conselho Superior da Magistratura;

    c) A utilização gratuita de transportes colectivos públicos, terrestres e fluviais, de forma a estabelecer pelo Ministério da Justiça, dentro da área da circunscrição em que exerçam funções e, na hipótese do n.º 2 do artigo 8.º, desde esta até à sua residência;

    d) Ter telefone em regime de confidencialidade, se para tanto for colhido parecer favorável do Conselho Superior da Magistratura;

    e) O acesso, nos termos constitucionais e legais, a bibliotecas de bases de dados documentais públicas, designadamente as dos tribunais superiores, do Tribunal Constitucional e da Procuradoria-Geral da República;

    f) A vigilância especial da sua pessoa, família e bens, a requisitar pelo Conselho Superior da Magistratura ou, em caso de urgência, pelo magistrado ao comando da força policial da área da sua residência, sempre que ponderosas razões de segurança o exijam.

g) A isenção de custas em qualquer acção em que o juiz seja parte principal ou acessória, por via do exercício das funções, incluindo as de membro do Conselho Superior da Magistratura ou de inspector judicial;

h) A dedução, para cálculo do Imposto sobre o Rendimento de Pessoas Singulares, de quantias despendidas com a valorização profissional, até montante a fixar anualmente na lei do Orçamento do Estado.

2. Quando em exercício de funções os Juízes têm ainda direito à entrada e livre trânsito nos navios acostados nos portos, nas casas e recintos de espectáculos ou outras diversões, nas associações de recreio e, em geral, em todos os lugares onde se realizem reuniões ou seja permitido o acesso público mediante o pagamento de uma taxa, realização de uma despesa ou apresentação de bilhete que qualquer pessoa possa obter [1].

3. O Presidente, os vice-presidentes do Supremo Tribunal de Justiça e o vice-presidente do Conselho Superior da Magistratura têm direito a passaporte diplomático e os juízes dos tribunais superiores a passaporte especial, podendo ainda este documento vir a ser atribuído aos juízes de direito que se desloquem ao estrangeiro em virtude das funções que exercem.

4. São extensivos a todos os membros do Conselho Superior da Magistratura, na referida qualidade, os direitos previstos nas alíneas *c)*, *e)* e *g)* no n.º 1, no n.º 3, na modalidade de passaporte especial e no número seguinte.

5. O cartão de identificação é atribuído pelo Conselho Superior da Magistratura e renovado no caso de mudança de categoria, devendo dele constar, nomeadamente, a categoria de magistrado e os direitos e regalias inerentes.

1. A Lei n.º 143/99, de 31 de Agosto, alterou o que dispunha a Lei n.º 21/85, de 30 de Julho (Estatuto dos Magistrados Judiciais, que entre-

---

[1] A Portaria n.º 391/98, de 11 de Julho, da Presidência do Conselho de Ministros, atribui o "direito de livre entrada nos recintos desportivos", além de a entidades directamente relacionadas com a actividade desportiva, a todos os "membros do Governo", ao contrário do que sucede aos juízes que só a têm "quando em exercício de funções".

É, assim reconhecida a especial "vocação" dos membros do Governo para... o desporto.

tanto sofrera já várias alterações) nas alíneas *c*) e *g*), do n.º 1, aditando-lhe a línea *h*), e os n.ºˢ 3 e 4, ficando, como n.º 5, o n.º 4 anterior.

2. Quanto à alínea *c*), a hipótese é a prevista no n.º 3, do artigo 8.º: a de os magistrados estarem autorizados a residir em local diferente da sede do tribunal ou serviço em que exerçam funções ou em qualquer outro ponto da respectiva circunscrição.

3. Sobre o "acesso a base de dados" veja-se o artigo 35.º, da Constituição da República Portuguesa (sob a epígrafe "Utilização da informática") designadamente o seu n.º 6, que garante a todos os cidadãos o livre acesso às redes informáticas de uso público.

Sobre o acesso aos documentos da Administração Pública, veja-se a Lei n.º 65/93, de 26 de Agosto e, ainda, a anotação ao artigo 12.º.

4. O n.º 4, deste artigo justifica-se pelo facto de poderem ser membros do Conselho Superior da Magistratura, não magistrados e o serem, juízes de 1.ª instância. (Veja-se o artigo 137.º).

ARTIGO 18.º
Trajo profissional

1. No exercício das suas funções dentro dos tribunais e, quando o entendam, nas solenidades em que devam participar, os magistrados judiciais usam beca.

2. Os Juízes do supremo Tribunal de Justiça podem usar capa sobre a beca e, em ocasiões solenes, um colar de modelo adequado à dignidade das suas funções, a aprovar por Portaria do Ministro da Justiça.

ARTIGO 19.º
Exercício da Advocacia

Os magistrados judicias podem advogar em causa própria, do seu cônjuge ou descendente.

1. Este artigo não exclui nem expressa nem implicitamente que o magistrado judicial possa assumir o seu próprio patrocínio, mesmo em processo penal, embora a situação possa criar situações melindrosas, cujo melindre cabe ao próprio magistrado apreciar.

2. Não se refere à "união de facto" a que alude a alínea *a*) do artigo 7.º.

ARTIGO 21.º
Distribuição de Publicações Oficiais

1. Os Juízes do Supremo Tribunal de Justiça e das Relações têm direito à distribuição gratuita do Boletim do Ministério da Justiça, da 1.ª Série do *Diário da República,* do *Boletim do Trabalho e Emprego* e, a sua solicitação, da 2.ª Série do *Diário da República* e da 1.ª e 2.ª Séries do *Diário da Assembleia da República,* podendo optar pela versão impressa ou electrónica.

2. Os Juízes de Direito têm direito à distribuição gratuita do Boletim do Ministério da Justiça, às restantes publicações, podendo optar pela versão impressa ou electrónica.

3. Os magistrados judiciais jubilados têm direito, a sua solicitação, à distribuição gratuita do Boletim do Ministério da Justiça.

1. Este artigo foi reformulado pela Lei n.º 143/99, de 31 de Agosto, que alterou o Estatuto dos Magistrados Judiciais (Lei n.º 21/85, de 30 de Julho, que, entretanto já sofrera várias alterações).

2. Quanto ao n.º 3, deste artigo, só por lapso (integrável), aparentemente, se não confere aos magistrados jubilados o direito à distribuição gratuita das publicações e respectivos suportes informáticos determinada pelos n.ºs 1 e 2, deste artigo.

Essa norma, entendida na sua exiguidade, estaria em colisão com o disposto no n.º 2, artigo 67.º, deste Estatuto quando claramente determina, entre o mais, que os magistrados jubilados gozam das mesmas "regalias" correspondentes à sua categoria (aliás, contrapartida da sua vinculação aos deveres estatutários a que continuam obrigados).

Assim, e por um entendimento claro e simples, devem eles ter, também, direito, ao acesso gratuito, não só aquelas publicações, mas também aos respectivos suportes informáticos.

Acrescente-se que, por força do n.º 3, do artigo 162.º, podem eles, com a sua anuência, exercer funções de inspectores judiciais ou instrutores de inquéritos ou processos disciplinares (norma, aliás, agora introduzida no texto deste Estatuto).

ARTIGO 22.º
Componentes do sistema retributivo

1. O sistema retributivo dos magistrados judiciais é composto por:

a) Remuneração base;
b) Suplemento.

2. Não é permitida a atribuição de qualquer tipo de abono que não se enquadre nas componentes remuneratórias referidas no número anterior, sem prejuízo do disposto no art. 25.°.

1. O artigo 25.°, refere-se a "despesas de representação" do Presidente e vice-Presidente do Supremo Tribunal de Justiça e Presidentes das Relações.

ARTIGO 23.°
Remuneração base e suplemento

1. A estrutura da remuneração base a abonar mensalmente aos magistrados judiciais é a que se desenvolve na escala indiciária constante do mapa anexo a este Estatuto, de que faz parte integrante.
2. A remuneração base é anualmente revista, mediante a actualização do valor correspondente ao índice 100.
3. A partir de 1 de Janeiro de 1991 a actualização a que se refere o número anterior é automática, nos termos do disposto no artigo 2.°, da Lei n.° 26/84, de 31 de Julho, com a redacção que lhe foi dada pelo artigo 1.° da Lei n.° 102/88, de 25 de Agosto.
4. A título de suplementos, mantém-se as compensações a que se referem os artigos 24.° a 27.° e 29.° do presente Estatuto.

1. Foi a Lei n.° 2/90, de 20 de Janeiro que alterou este e o artigo anterior, da Lei 21/85, de 30 de Julho (Estatuto dos Magistrados Judiciais).
O mapa a que se refere o n.° 1, deste artigo, é o anexo aquela lei n.° 2/90 [1].

2. O artigo 2.°, da Lei n.° 26/84, relativa ao vencimento do Presidente da República, dispunha que esse vencimento e abonos serão automaticamente actualizados sem dependência de qualquer formalidade, em função e na proporção do aumento de vencimento correspondente à mais alta categoria da função pública.

---

[1] Ver página 35.

O artigo 1.º, da Lei n.º 102/88, veio alterar a parte final daquele artigo no sentido de que a actualização referida passa a ser na proporção de alterações à remuneração mensal ilíquida fixada para o cargo de Director-Geral, na Administração Pública.

3. A Lei n.º 2/90, de 20 de Janeiro, alterou, pois, significativamente, o sistema retributivo dos magistrados judiciais ao dar nova redacção ao disposto nos artigos 22.º e 23.º do Estatuto dos Magistrados Judiciais, aprovado pela Lei n.º 21/85, de 30 de Julho e estatuiu que, a partir de 1 de Janeiro de 1991, a actualização das retribuições passaria a ser automática nos termos estabelecidos para a actualização das remunerações dos titulares de cargos políticos.

No entanto a Lei n.º 63/90, de 26 de Dezembro, veio suspender a aplicação desse princípio de actualização automática anual, na medida em que se mostrasse excedido o montante correspondente à remuneração base do cargo de Primeiro-Ministro, como decorrência da suspensão das actualizações dos vencimentos dos titulares de cargos públicos.

O Tribunal Constitucional pronunciou-se sobre a constitucionalidade do n.º 2 do artigo 1.º, da Lei n.º 63/90, enquanto respeita à situação remuneratória dos magistrados judiciais e do Ministério Público e determina a suspensão da actualização das respectivas remunerações e, assim, julgou inconstitucional a norma constante do referido n.º 2, do artigo 1.º, da Lei n.º 63/90, em conjugação com a norma do n.º 1 do mesmo artigo, na medida em que elimine as diferenciações de vencimentos entre categorias de magistrados judiciais, por violação das normas conjugadas dos artigos 13.º, 59.º, n.º 1, alínea *a*) e 210.º, n.ºs 1, 3 e 4 da Constituição da República Portuguesa – Acórdão n.º 625/98, de 3 de Novembro de 1988, in DR, 2.ª série, n.º 65, de 18-3-99.

Entretanto a Lei n.º 19/93, de 25 de Junho, veio aditar ao artigo 1.º, da lei n.º 63/90, um n.º 3, determinando que, à remuneração ou pensão que resulta da aplicação do seu número anterior é acrescentado o montante necessário para que se verifique uma diferença de 3% em relação à categoria que detenha índice imediatamente inferior.

4. As "compensações" atribuídas a título de suplementos são o "subsídio de fixação" (artigo 24.º); para "despesas de representação" (artigo 25.º); para "despesas de deslocação" (artigo 26.º); as "ajudas de custo" (artigo 27.º); e "subsídio de compensação" quando os magistrados não disponham de casa de habitação fornecida pelo Ministério da Justiça, ou não a habitem (artigo 29.º).

Categoria/escalão	Escala indiciária
Presidente do Supremo Tribunal de Justiça	260
Conselheiro	260
Desembargador com 5 anos de serviço	250
Desembargador	240
Juiz de tribunal de círculo ou equiparado	220
Juiz de direito:	
Com 18 anos de serviço	200
Com 15 anos de serviço	190
Com 11 anos de serviço	175
Com 7 anos de serviço	155
Com 3 anos de serviço	135
Ingresso	100

Leque salarial – 2:6

ARTIGO 23.º-A
Suplemento remuneratório pela execução de serviço urgente

O suplemento remuneratório diário devido aos magistrados pelo serviço urgente que deva ser executado ao sábado e feriados que não recaiam em domingo é remunerado nos termos da lei geral, calculando-se o valor da hora normal de trabalho com referência ao índice 100 da escala salarial.

1. A este artigo da Lei n.º 21/85, de 30 de Julho (Estatuto dos Magistrados Judiciais – com as alterações entretanto introduzidas) foi dada a actual redacção pela Lei n.º 143/99, de 31 de Agosto.

ARTIGO 24.º
Subsídio de fixação

Ouvidos o Conselho Superior da Magistratura e as organizações representativas dos magistrados, o Ministro da justiça pode determinar que seja atribuído um subsídio de fixação a magistrados judiciais que exerçam funções nas regiões autónomas e não disponham de casa própria.

ARTIGO 25.º
Despesas de representação

O presidente do Supremo Tribunal de Justiça, os vice-presidentes do Supremo Tribunal de Justiça e os presidentes das Relações têm direito a um subsídio correspondente a, respectivamente, 20%, 10% e 10% do vencimento a título de despesas de representação.

1. A alteração introduzida à redacção da Lei n.º 21/85, de 30 de Julho (Estatuto dos Magistrados Judiciais – com as alterações que, entretanto, sotreu), pela Lei n.º 143/99, de 31 de Agosto, consistiu na inclusão dos vice-presidentes do Supremo Tribunal de Justiça na atribuição de despesas de representação.

ARTIGO 26.º
Despesas de deslocação

1. Os magistrados judiciais têm direito ao reembolso, se não optarem pelo recebimento adiantado, das despesas resultantes da sua deslocação e do seu agregado familiar.

2. Não é devido reembolso quando a mudança de situação se verifique a pedido do magistrado, excepto:

a) Quando se trate de deslocação entre o continente e as regiões autónomas;

b) Quando, no caso de transferência a pedido, se verifique a situação prevista no n.º 3, do artigo 43.º ou a transferência tiver lugar após dois anos de exercício efectivo no lugar anterior.

1. As alterações introduzidas, pela Lei n.º 143/99, de 31 de Agosto, à Lei anterior (Lei n.º 21/85, de 30 de Julho – Estatuto dos Magistrados Judiciais, com as alterações que entretanto sofreu), ao n.º 2, limita-se a excluir o território de Macau e a situação prevista no artigo 43.º, n.º 4 que foi, como se verá, também alterado.

ARTIGO 27.º
Ajudas de custo

1. São devidas ajudas de custo sempre que um magistrado se

desloque em serviço para fora da comarca onde se encontra sediado o respectivo tribunal ou serviço.

2. Os Juízes do Supremo Tribunal de Justiça residentes fora dos concelhos de Lisboa, Oeiras, Cascais, Loures, Sintra, Vila Franca de Xira, Almada, Seixal, Barreiro, Amadora e Odivelas têm direito à ajuda de custo fixada para os membros do Governo, abonada por cada dia de sessão do tribunal em que participem.

1. O n.º 2, deste artigo, resulta da alteração feita pela Lei n.º 143/99, de 31 de Agosto, que alterou a Lei n.º 21/85, de 30 de Julho (Estatuto dos Magistrados Judiciais) que, entretanto sofrera já várias alterações.

2. Sobre "ajudas de custo" veja-se o Decreto-Lei n.º 106/98, de 24 de Abril e a Portaria n.º 147/99, de 27 de Fevereiro.

3. De harmonia com o que dispõe este artigo, não haverá lugar a abono das ajudas de custo a que se refere o n.º 2, quer ao Presidente do Supremo Tribunal de Justiça nem ao Juiz Conselheiro do Supremo Tribunal de Justiça, enquanto membros do Conselho Superior da Magistratura (artigos 137.º e 142.º), quando se desloquem para sessões deste Conselho, já que não se trata de um "tribunal".

4. O disposto no n.º 2, produz efeitos na data da entrada em vigor da lei de Orçamento do Estado para 2000.

5. As "ajudas de custo" para os membros do Governo, foram actualizadas pela Portaria n.º 147/99, de 27 de Fevereiro.

ARTIGO 28.º
Férias e licenças

1. Os magistrados gozam as suas férias durante o período das férias judiciais, sem prejuízo dos turnos a que se encontram sujeitos, bem como do serviço que haja que ter lugar em férias, nos termos da lei.

2. Por motivo de serviço público ou outro legalmente previsto os magistrados judiciais podem gozar as suas férias em período diferente do referido no número anterior.

3. A ausência para gozo de férias e o local para onde os magistrados se desloquem devem ser comunicados ao Conselho Superior da Magistratura.

4. O Conselho Superior da Magistratura pode determinar o regresso às funções pelos motivos indicados no número 2, sem prejuízo do direito que cabe aos magistrados judiciais de gozarem, em cada ano, 22 dias úteis de férias.

5. Os magistrados em serviço nas regiões autónomas têm direito ao gozo de férias judiciais de Verão no Continente acompanhados do agregado familiar ficando as despesas de deslocação a cargo do Estado.

6. Quando em gozo de férias ao abrigo do disposto no número anterior, os magistrados tenham de deslocar-se à respectiva região autónoma para cumprir o serviço de turno que lhes couber, as correspondentes despesas de deslocação ficam a cargo do Estado.

1. A Lei n.º 143/99, de 31 de Agosto (sexta alteração a este Estatuto (Lei n.º 21/85, de 30 de Julho) suprimiu, por razões óbvias, o n.º 7, anterior, que se referia à comarca de Macau.

2. As "férias judiciais" decorrem de 22 de Dezembro a 3 de Janeiro, do domingo de Ramos à segunda-feira de Páscoa e de 16 de Julho a 14 de Setembro – artigo 12.º, da Lei n.º 3/99, de 13 de Janeiro (Lei de Organização e Funcionamento dos Tribunais Judiciais).

3. O Decreto-Lei n.º 100/99, de 31 de Março, alterado pela Lei n.º 117/99, de 11 de Agosto, estabelece o regime de férias, faltas e licenças dos funcionários e agentes da administração central, regional e local, incluindo os institutos que revistam a natureza de serviços personalizados ou de fundos públicos.

4. Sobre o regime de turnos e sua remuneração, vejam-se os artigos 31.º a 38.º, do Decreto-Lei n.º 186-A/99, de 31 de Maio, que regulamenta da Lei de Organização e Funcionamento dos Tribunais Judiciais (Lei n.º 3/99, de 13 de Janeiro) alterado pelo Decreto-Lei n.º 290/99, de 30 de Julho.

Sobre os turnos no Supremo Tribunal de Justiça, veja-se o artigo 32.º, deste último diploma.

Sobre os turnos nos Tribunais da Relação, veja-se o artigo 53.º, do mesmo diploma.

Sobre os turnos, nos tribunais judiciais de 1.º instância, dispõe o artigo 73.º, do mesmo diploma, alterado pela Lei n.º 101/99, de 26 de Julho:

"1. Nos tribunais judiciais de 1.º instância organizam-se turnos para assegurar o serviço urgente durante as férias judiciais.

"2. São organizados turnos para assegurar o serviço urgente previsto no Código de Processo Penal, na Lei de Saúde Mental e na Organização Tutelar de Menores, que deve ser executado aos sábados, nos feriados que recaiam na 2.ª feira e no 2.º dia feriado, em caso de feriados contínuos".

5. V., também, ainda sobre turnos, o n.º 2, do artigo 9.º.

6. Sobre a autorização para gozo de licença, faltas, ou férias, veja-se o n.º 2, do artigo 158.º.

ARTIGO 29.º
Casa de habitação

1. Nas localidades onde se mostre necessário, o Ministério da Justiça, pelo gabinete de Gestão Financeira, põe à disposição dos magistrados judiciais, durante o exercício da sua função, casa de habitação mobilada, mediante o pagamento de uma contraprestação mensal a fixar pelo Ministro da Justiça, de montante não superior a um décimo do total das respectivas remunerações.

2. Os magistrados que não disponham de casa ou habitação nos termos referidos no número anterior ou não a habitem, conforme o disposto no número anterior ou não a habitem, conforme o disposto no n.º 2, do artigo 8.º, têm direito a um subsídio de compensação fixado pelo Ministro da Justiça, para todos os efeitos equiparado a ajudas de custo, ouvidos o Conselho Superior da Magistratura e as organizações representativas dos magistrados, tendo em conta os preços correntes no mercado local de habitação[1].

1. Este artigo foi alterado pela Lei n.º 143/99, de 31 de Agosto, gue alterou a Lei n.º 21/85, de 30 de Julho (Estatuto dos Magistrados Judiciais) que, entretanto) sofrera já várias alterações.

2. A disposição final do n.º 2, deste artigo, não vem sendo respeitada já que o subsídio de compensação está uniformemente estabelecido, independentemente dos "preços correntes no mercado local de habitação".

3. A equiparação a "ajudas de custo" do subsídio de residência, exclui-as dos rendimentos sujeitos a IRS.

---

[1] Este "subsídio de compensação" foi fixado em 60.000$00 pelo Despacho n.º 20046/99, do Ministro da Justiça, (DR, 2.ª série, de 21 de Outubro).

4. O n.º 2, do artigo 8.º, permite a autorização para o magistrado residir fora da sede do tribunal onde está sediado ou da respectiva circunscrição judicial.

5. As deliberações do C.S.M. de 30 de Março e 20 de Abril de 1993 e de 11 de Julho de 1995 (Actas n.ºˢ 3/93, 11/93 e 22/95) incidiram sobre a ocupação e distribuição de casas de habitação mobiladas, para magistrados.

ARTIGO 30.º
Responsabilidade pelo pagamento da contraprestação

1. A contraprestação mensal é devida desde a data da publicação do despacho de nomeação até aquela em que for publicado o despacho que altere a situação anterior, ainda que o magistrado não habite a casa.

1. Sucede que a casa posta à disposição, pelo Estado, dum magistrado que não a habite, é praticamente sempre ocupada por outro magistrado. Donde que o Estado cobra duas contraprestações pela mesma casa: a daquele que não a habita e a do que a habita!...

ARTIGO 31.º
Responsabilidade pelo mobiliário

1. O magistrado que vá habitar a casa recebe por inventário, que deverá assinar, o mobiliário e demais equipamento existente, registando-se no acto as anomalias verificadas.

2. Procede-se por forma semelhante à referida no número anterior quando o magistrado deixe a casa.

3. O magistrado é responsável pela boa conservação do mobiliário e equipamento recebido, devendo comunicar qualquer ocorrência, de forma a manter-se actualizado o inventário.

4. O magistrado poderá pedir a substituição ou reparação do mobiliário ou equipamento que se torne incapaz para seu uso normal, nos termos do regulamento a elaborar pelo Ministério da Justiça, ouvido o Conselho Superior da Magistratura.

1. O regulamento a que se refere o n.º 4 não foi, até hoje, elaborado...

ARTIGO 32.º
Disposições subsidiárias

É aplicável subsidiariamente aos magistrados judiciais, quanto a deveres, incompatibilidades e direitos, o regime da função pública.

1. Dos direitos e deveres gerais dos cidadãos, ocupa-se a Parte I, da Constituição da República Portuguesa.

2. O artigo 269.º desse diploma, determina, no seu n.º 4, que não é permitida a acumulação de empregos ou cargos públicos, salvo nos casos expressamente admitidos na lei. E, no seu n.º 5, que a lei determina as incompatibilidades entre o exercício de empregos ou cargos públicos e de outras actividades.

Ter-se-á que recorrer à legislação administrativa geral e aos estatutos e leis orgânicas específcas de cada serviço.

O Decreto-Lei n.º 24/84, de 16 de Janeiro, que aprovou o Estatuto Disciplinar dos Funcionários Públicos, proíbe, por via do seu sancionamento disciplinar – artigo 25.º, alínea d) – a acumulação de lugares ou cargos públicos, bem como o exercício, por si ou por interposta pessoa, de actividades privadas, depois de ter sido reconhecida em despacho fundamentado do dirigente do serviço, a incompatibilidade entre essa actividade e os deveres legalmente estabelecidos [1-2].

3. Especificamente, o Decreto-Lei n.º 376/87, de 11 de Dezembro (Lei Orgânica das Secretarias Judiciais e Estatuto dos Funcionários de Justiça, previne as suas incompatibilidades no artigo 80.º.

CAPÍTULO III
Classificações

ARTIGO 33.º
Classificações dos juízes de direito

1. Os Juízes de Direito são classificados, de acordo com o seu mérito, de Muito Bom, Bom com Distinção, Bom. Suficiente e Medíocre.

---

[1] Sobre esta matéria veja-se, com proveito, o *Estatuto Disciplinar dos Funcionários Públicos,* de Vinício Ribeiro, Coimbra Editora, 1990.

[2] Veja-se, com proveito, o Regime *Jurídico Geral dos Funcionários Civis,* de Isabel Meireles Teixeira e Nuno Louro Coelho, Livraria Técnica, 1980.

ARTIGO 34.º
Critérios e efeitos das classificações

1. A classificação deve atender ao modo como os juízes de direito desempenham a função, ao volume, dificuldade e gestão do serviço a seu cargo, à capacidade de simplificação dos actos processuais, às condições do trabalho prestado, à sua preparação técnica, categoria intelectual, trabalhos jurídicos publicados e idoneidade cívica.
2. A classificação de Medíocre implica a suspensão do exercício de funções do magistrado e a instauração de inquérito por inaptidão para esse exercício.

1. De notável, o facto de se ter incorporado, na alteração introduzida pela Lei n.º 143/99, de 31 de Agosto, a este Estatuto, entre os pressupostos da classificação a "capacidade de simplificação dos actos processuais", muitas vezes criticada em inspecções, entendida como "preguiça" dos magistrados!
2. Sobre "suspensão de funções", veja-se o artigo 71.º e sobre "suspensão de exercício" veja-se o artigo 89.º.
3. Sobre "Inquéritos", e "Sindicâncias", vejam-se os artigos 132.º a 135.º.
4. Sobre os critérios limitativos e efeitos das classificações v. o Regulamento das Inspecções – Adenda II.

ARTIGO 35.º
Juízes de direito em comissão de serviço

1. Os Juízes de Direito em comissão de serviço em tribunais não judiciais são classificados periodicamente nos mesmos termos dos que exercem funções em tribunais judiciais.
2. Os Juízes de Direito em comissão de serviço diferente da referida no número anterior são classificados se o Conselho Superior da Magistratura dispuser de elementos bastantes ou os puder obter através das inspecções necessárias, considerando-se actualizada, em caso contrário, a última classificação.

1. Sobre "comissões de serviço" vejam-se os artigos 53.º a 57.º.
2. Sobre "inspecções" vejam-se os artigos 160.º a 162.º e Adenda II.

3. A deliberação do Plenário do C.S.M., de 18 de Janeiro de 1994, estabelece critérios para as comissões de serviço de Juízes, em funções não judiciais.

ARTIGO 36.º
Periodicidade das classificações

1. Os Juízes de Direito são classificados em inspecção ordinária, a primeira vez decorrido um ano sobre a sua permanência em lugares de primeiro acesso e, posteriormente, com uma periodicidade, em regra, de quatro anos.
2. Fora dos casos referidos na segunda parte do número anterior, aos magistrados judiciais pode ser efectuada inspecção extraordinária, a requerimento fundamentado dos interessados, desde que a última inspecção ordinária tenha ocorrido há mais de três anos, ou, em qualquer altura, por iniciativa do Conselho Superior da Magistratura.
3. Considera-se desactualizada a classificação atribuída há mais de quatro anos, salvo se a desactualização não for imputável ao magistrado ou este estiver abrangido pelo disposto no número 2 do artigo anterior.
4. No caso de falta de classificação não imputável ao magistrado presume-se de Bom, excepto se o magistrado requerer inspecção, caso em que será realizada obrigatoriamente.
5. A classificação relativa a tempo posterior desactualiza a referente a serviço anterior.

1. Os n.ºˢ 1, 2 e 3, deste artigo, foram reformulados pela Lei n.º 143/99, de 31 de Agosto, que alterou a Lei n.º 21/85, de 30 de Julho (Estatuto dos Magistrados Judiciais) a qual, entretanto, já sofrera várias alterações.

2. Sobre "inspecções" vejam-se os artigos 160.º a 162.º.

3. Nos termos do n.º 4, do artigo 16.º, da Lei de Organização e Funcionamento dos Tribunais Judiciais (Lei n.º 3/99, de 13 de Janeiro, que revogou a Lei n.º 38/87, de 23 de Dezembro), "os tribunais judiciais de 1.ª instância são tribunais de primeiro acesso e de acesso final, de acordo com a natureza, complexidade e volume de serviço, sendo a sua classificação

feita mediante portaria do Ministro da Justiça, ouvidos o Conselho Superior da Magistratura, a Procuradoria-Geral da República e a Ordem dos Advogados" o que não obsta "a que no mesmo tribunal possa haver juízos classificados de primeiro acesso e acesso final" (n.º 5, do mesmo artigo).

ARTIGO 37.º
Elementos a considerar nas classificações

1. Nas classificações são sempre considerados o tempo de serviço, o resultado das inspecções anteriores, os processos disciplinares e quaisquer elementos complementares que constem do respectivo processo individual.

2. O magistrado é obrigatoriamente ouvido sobre o relatório da inspecção e pode fornecer os elementos que entender convenientes.

3. As considerações que o inspector eventualmente produzir sobre a resposta do inspeccionado não podem referir factos novos que o desfavoreçam e delas dar-se-á conhecimento ao inspeccionado.

1. O n.º 2, da Lei n.º 21/85, de 30 de Julho, (Estatuto dos Magistrados Judiciais) que sofrera já várias alterações, foi eliminado pela Lei n.º 143/99, de 31 de Agosto.

2. Sobre "inspectores', vejam-se os artigos 160.º a 162.º.

3. Para evitar arbitrariedades dever-se-ia ter escalonado a valoração de cada um dos elementos que contribuem para a classificação e que este artigo indica.

Resta tomar como factores a, sucessivamente e com ordem de prioridade, serem considerados, os indicados no artigo 34.º.

4. Os "inquéritos" têm por fim a averiguação de factos determinados – n.º 1, do artigo 132.º.

As "sindicâncias" têm lugar quando haja notícia de factos que exijam uma averiguação geral acerca do funcionamento dos serviços – n.º 2, do mesmo artigo.

Sobre o "processo disciplinar" que é o meio de efectivar a responsabilidade disciplinar, vejam-se os artigos 110.º e seguintes.

A instrução do "processo disciplinar" deve ultimar-se nos prazos previstos no artigo 114.º.

No mesmo prazo deverão ultimar-se os "inquéritos" e as "sindicâncias" de harmonia com a remissão do artigo 133.º.

ARTIGO 37.°-A
Classificação dos juízes das Relações

1. A requerimento fundamentado dos interessados, o Conselho Superior da Magistratura pode determinar inspecção ao serviço dos Juízes das Relações que previsivelmente sejam concorrentes necessários ao acesso ao Supremo Tribunal de Justiça, nos termos do n.° 1, do artigo 51.°.

2. O disposto no número anterior não prejudica a inspecção ao serviço dos Juízes das Relações, por iniciativa do Conselho Superior da Magistratura.

3. Às inspecções a que se referem os números anteriores é aplicável, com as necessárias adaptações, o disposto nos artigos 33.° a 35.° e 37.°.

1. Este artigo foi aditado pela Lei n.° 143/99, de 31 de Agosto, que alterou a Lei n.° 21/85, de 30 de Julho (Estatuto dos Magistrados Judiciais), que, entretanto sofrera já várias alterações.

2. Nos termos do n.° 2, do artigo 51.°, "são concorrentes necessários os Juízes da Relação que se encontrem no quarto superior da lista de antiguidade e não declarem renunciar ao acesso" e, voluntários, os indicados nas alíneas *a*) e *b*) do n.° 3, do mesmo artigo (Procuradores-gerais adjuntos e juristas que o requeiram, desde que satisfaçam os requisitos aí indicados).

3. Às inspecções requeridas ou oficiosas, aplicam-se, com as necessárias adaptações, como diz o n.° 3, deste artigo, os artigos 33.° a 35.° e 37.° ou seja, – os artigos que respeitam à classificação dos magistrados.

CAPÍTULO IV
Provimentos

SECÇÃO I
Disposições gerais

ARTIGO 38.°
Movimentos Judiciais

1. O movimento judicial é efectuado no mês de Julho, sendo publicitadas as vagas previsíveis.

2. Para além do mencionado no número anterior, apenas podem fazer-se movimentos quando o exijam razões de disciplina ou de necessidade de preenchimento de vagas, sendo os movimentos anunciados com antecedência não inferior a trinta dias e publicitadas as vagas previsíveis.

3. Sem prejuízo da iniciativa do Conselho Superior da Magistratura, o Ministro da Justiça pode solicitar a realização de movimentos judiciais, nos termos do número anterior, com fundamento em urgente necessidade de preenchimento de vagas ou de destacamento de juízes auxiliares.

1. Os n.os 2, 3 e 4, deste artigo, foram reformulados pela Lei n.º 143/99, de 31 de Agosto, que alterou a Lei n.º 21/85, de 30 de Julho (Estatuto dos Magistrados Judiciais), a qual, entretanto, já sofrera várias alterações, aditou o n.º 3.

2. Nos termos do art. 149.º, compete ao Conselho Superior da Magistratura, nomear, colocar, transferir, promover, exonerar os magistrados judiciais, sem prejuízo das disposições relativas ao provimento de cargos por via electiva (e ao Plenário do mesmo Conselho, no que se refere a Juízes do Supremo Tribunal de Justiça e das Relações – artigo 151.º, a)).

3. Vejam-se, ainda, as anotações aos artigos 38.º e seguintes, 45.º, n.os 2 e 3.

4. É óbvio que a "solicitação" do Ministro da Justiça é dirigida ao Conselho Superior da Magistratura, a quem cabe a decisão final sobre a efectivação do movimento.

ARTIGO 39.º
Preparação dos movimentos

1. Os magistrados judiciais que, por nomeação, transferência, promoção, termo da comissão ou regresso à efectividade, pretendam ser providos em qualquer cargo devem enviar os seus requerimentos ao Conselho Superior da Magistratura.

2. Os requerimentos são registados na secretaria do Conselho e caducam com a apresentação de novo requerimento ou com a realização do movimento a que se destinavam.

3. São considerados em cada movimento os requerimentos entrados até ao dia 31 de Maio ou até 25 dias antes da reunião do Conse-

lho, conforme se trate de movimentos referidos no n.º 1 ou no n.º 2 do artigo 38.º.

4. Os requerimentos de desistência são atendidos desde que dêem entrada na secretaria do Conselho Superior da Magistratura até 30 ou 20 dias antes da reunião do Conselho, consoante se trate de movimento ordinário ou de movimento extraordinário.

1. Os n.ºs 2, 3 e 4, deste artigo foram reformulados pela Lei n.º 143/99, de 31 de Agosto, que alterou a Lei n.º 21/85, de 30 de Julho (Estatuto dos Magistrados Judiciais) a qual, entretanto, já sofrera várias alterações.

2. A realização do movimento é publicitada por Aviso publicado na 2.ª Série do Diário da República, e deve sê-lo com a antecedência necessária para possibilitar o direito de requerer ou renunciar ao novo cargo.

E os prazos assinalados neste artigo hão-de começar a correr a partir da data em que a publicação chegar ao local onde esteja sediado o magistrado.

3. Ver anotação ao artigo anterior.

4. É de tomar especial nota de que os requerimentos apresentados caducam com a realização do movimento a que se destinavam.

Note-se que, ao contrário do que se dispunha na redacção anterior (da Lei n.º 21/85, de 30 de Julho) os requerimentos apresentados para um determinado movimento não mantém valor para ulterior movimento, ainda que formulados em termos genéricos, em que eles caducavam apenas com a apresentação de novo requerimento.

5. Os Juízes de Direito não podem recusar a primeira colocação em lugares de acesso final após o exercício de funções em lugares de primeiro acesso – artigo 43.º, n.º 3.

SECÇÃO II
Nomeação de juízes de direito

SUBSECÇÃO I
Condições de ingresso

ARTIGO 40.º
Requisitos para o ingresso

São requisitos para exercer as funções de Juízes de Direito:
a) Ser cidadão português;

b) Estar no pleno gozo dos seus direitos políticos e civis;

c) Possuir licenciatura em Direito obtida em Universidade Portuguesa ou validada em Portugal;

d) Ter frequentado com aproveitamento os cursos e estágios de formação;

e) Satisfazer os demais requisitos estabelecidos na lei para a nomeação de funcionários do Estado [1].

1. Dispõe o artigo 4.º da Constituição da República Portuguesa que são cidadãos portugueses todos aqueles que como tal sejam considerados pela lei ou por convenção internacional.

Sobre a "nacionalidade" regulam a Lei n.º 37/81, de 3 de Outubro, alterada pela Lei n.º 25/94, de 19 de Agosto, Decreto – Lei n.º 322/82, de 12 de Agosto Regulamento da Nacionalidade Portuguesa – com as alterações da Lei n.º 253/94, de 20 de Outubro e Decreto-Lei n.º 37/97, de 31 de Janeiro.

2. Sobre "cursos e estágios de formação" veja-se a anotação ao artigo seguinte.

3. Sobre a "competência" dos Juízes de Direito, dos tribunais da Relação e do Supremo Tribunal de Justiça, vejam-se os artigos 77.º e seguintes, 55.º a 57.º, 33.º a 37.º, da Lei n.º 21/85, de 23 de Dezembro, (alterada pela Lei n.º 3/99 (Lei de Organização e Funcionamento dos Tribunais Judiciais) e sobre a competência dos respectivos Presidentes, os artigos 43.º, 59.º e 74.º, do mesmo diploma. E, ainda, sobre a orientação superior dos serviços das secretarias, o artigo 23.º, desse diploma. Com referência a esta última disposição, vejam-se os artigos 119.º e seguintes da Lei n.º 3/99, de 13 de Janeiro – (Lei de Organização e Funcionamento dos Tribunais Judiciais), sobre as "Secretarias Judiciais" e, ainda, a Lei Orgânica das Secretarias Judiciais e Estatutos dos Funcionários de Justiça – Decreto-Lei n.º 343/99, de 26 de Agosto.

ARTIGO 41.º
Cursos e estágios de formação

Os cursos e estágios de formação decorrem no Centro de Estudos Judiciários, nos temos do diploma que organiza este Centro.

---

[1] Sobre os requisitos gerais para provimento dos funcionários civis do Estado, veja-se Isabel Meireles Teixeira e Nuno Louro Coelho, *Regime Jurídico Geral dos Funcionários Civis,* Livraria Técnica, 1980, págs. 19 e 20.

1. Sobre a lei orgânica do Centro de Estudos Judiciários, veja-se a Lei n.º 16/98, de 8 de Abril.

ARTIGO 42.º
Primeira nomeação

1. Os Juízes de Direito são nomeados segundo a graduação obtida nos cursos e estágios de formação.
2. A primeira nomeação realiza-se para lugares de primeiro acesso.

1. O n.º 2, deste artigo, foi reformulado pela Lei n.º 143/99, de 31 de Agosto que alterou a Lei n.º 21/85, de 30 de Julho (Estatuto dos Magistrados Judiciais) a qual, entretanto, já sofrera várias alterações.

2. Sobre "tribunais de primeiro acesso" e "tribunais de acesso final", veja-se o artigo 16.º da Lei n.º 3/99, de 13 de Janeiro (Lei de Organização e Funcionamento dos Tribunais Judiciais) que revogou a Lei n.º 38/87, de 23 de Dezembro.

ARTIGO 43.º
Condições de transferência

1. Os Juízes de Direito podem ser transferidos a seu pedido quando decorridos dois anos ou um ano sobre a data da deliberação que os tenha nomeado para o cargo anterior, consoante a precedente colocação haja ou não sido pedida.
2. A transferência a pedido de lugares de primeiro acesso para lugares de acesso final só pode fazer-se decorridos três anos sobre a data da primeira nomeação.
3. Os Juízes de Direito não podem recusar a primeira colocação em lugares de acesso final após o exercício de funções em lugares de primeiro acesso.
4. Os Juízes de Direito com mais de três anos de serviço efectivo não podem requerer a sua colocação em lugares de primeiro acesso, se já colocados em lugares de acesso final.
5. Sem prejuízo do disposto nos números seguintes e de direitos de terceiros, são autorizadas permutas, em termos a regulamentar pelo Conselho Superior da Magistratura.

6. Não se aplicam os prazos referidos no n.º 1 nos casos de provimento em novos lugares criados.

1. A redacção introduzida pela Lei n.º 143/99, de 31 de Agosto, apenas conservou o n.º 1, deste artigo, como constava da Lei n.º 21/85, de 30 de Julho (Estatuto dos Magistrados Judiciais) a qual, já sofrera várias alterações.

2. Sobre lugares de "primeiro acesso" e de "acesso final" veja-se a anotação ao artigo anterior.

3. Sobre a "transferência" como pena disciplinar, veja-se o artigo 85.º, n.º 1, alínea c).

4. Sobre o "quadro complementar de juízes" ("bolsas de juízes"), dispõe o artigo 71.º, da Lei n.º 3/99, de 13 de Janeiro (Lei de Organização e Funcionamento dos Tribunais Judiciais):

"1. Na sede de cada distrito judicial há uma bolsa de juízes para destacamento em tribunais da respectiva circunscrição em que se verifique a falta ou o impedimento dos seus titulares ou vacatura do lugar, em circunstâncias que, pelo período de tempo previsível de ausência ou de preenchimento do lugar, conjugado com o volume de serviço, desaconselhem o recurso aos regimes de substituição ou de acumulação de funções constantes dos artigos 68.º e 69.º.

"2. Quando houver excesso de juízes para prover às situações referidas no número anterior, os juízes excedentários são destacados para tribunais que se encontrem na condições previstas nas disposições conjugadas do artigo anterior e do número dois do artigo 50.º.

"3. Os juízes são nomeados em comissão de serviço pelo período de três anos auferindo, quando destacados, ajudas de custo nos termos da lei geral, sem limite de tempo.

"4. O número de juízes é fxado por Portaria conjunta dos Ministérios das Finanças, Adjunto e da Justiça, sob proposta do Conselho Superior da Magistratura.

"5. Cabe ao Conselho Superior da Magistratura efectuar a gestão das bolsas de juízes e regular o seu destacamento".

Vid. O "Regulamento do quadro complementar de juízes" publicado na 2.º Série do Diário da República, de 8 de Julho de 1999.

5. Sobre o "regulamento" de "permutas" a elaborar pelo Conselho Superior da Magistratura, veja-se a deliberação do Plenário deste Conselho, de 7 de Julho.

ARTIGO 44.º
Colocação e preferências

1. A colocação de Juízes de Direito deve fazer-se com prevalência das necessidades de serviço e o mínimo prejuízo para a vida pessoal e familiar dos interessados.
2. No provimento de lugares em tribunais de competência especializada é ponderada a formação específica dos concorrentes, e ainda o exercício de funções quando tiver tido a duração de, pelo menos, dois anos.
3. Sem prejuízo do disposto nos n.os 1 e 2, constituem factores atendíveis nas colocações, por ordem decrescente de preferência, a classificação de serviço e a antiguidade.
4. Os Juízes de Direito não podem ser colocados em lugares de acesso final sem terem exercido funções em lugares de primeiro acesso.
5. Em caso de premente conveniência de serviço, o Conselho Superior da Magistratura pode efectuar a colocação em lugares de acesso final de Juízes de Direito com menos de três anos de exercício de funções em lugares de primeiro acesso.

1. Este artigo foi reformulado pela Lei n.º 143/99, de 31 de Agosto (sexta alteração à Lei n.º 21/85, de 30 de Julho (Estatuto dos Magistrados Judiciais).
2. Sobre "tribunais de competência especializada" e os diversos tipos de Tribunais de 1.º instância, dispõe o artigo 64.º da Lei de Organização e Funcionamento dos Tribunais Judiciais (Lei n.º 3/99, de 13 Janeiro que revogou a Lei n.º 38/87, de 23 de Dezembro):

"1. Pode haver tribunais de 1.ª instância de competência especializada e de competência específica.

"2. Os tribunais de competência essecializada conhecem de matérias determinadas, independentemente da forma de processo aplicável; os tribunais de competência específica conhecem de matérias determinadas em função da forma de processo aplicável, conhecendo ainda de recursos das autoridades administrativas em processo de contra-ordenação, nos termos do artigo 102.º.

"3. Em casos justifcados, podem ser criados tribunais de competência especializada mista".

São Tribunais de competência especializada (artigo 78.°, do mesmo diploma), os tribunais de instrução criminal, de família, de menores, do trabalho, de comércio; marítimos e de execução das penas.

São Tribunais de competência específica, (artigo 96.°, do mesmo diploma) as varas cíveis e criminais, os juízos cíveis e criminais, os de pequena instância cível e criminal.

3. Sobre lugares de "primeiro acesso" e de "acesso final" veja-se a anotação ao artigo 42.°.

ARTIGO 45.°
Nomeação para lugares de juiz de círculo

1. Os Juízes de círculo são nomeados de entre Juízes de Direito com mais de 10 anos de serviço e classificação não inferior a *Bom com distinção.*

2. Na falta de Juízes de Direito com os requisitos constantes do número anterior, o lugar é provido interinamente, aplicando-se o disposto no n.° 3, do artigo anterior.

3. Em caso de provimento efectuado nos termos do número anterior, o lugar será posto a concurso de dois em dois anos, nos movimentos judiciais, embora possa, durante esse prazo, ser requerida pelo magistrado interino a sua nomeação, desde que satisfaça os requisitos legais exigidos.

1. Este artigo foi reformulado pela Lei n.° 143/99, de 31 de Agosto, que alterou a lei n.° 21/85, de 30 de Julho (Estatuto dos Magistrados Judiciais) a qual, entretanto, já sofrera várias alterações.

2. Dispõe o artigo 15.°, n.° 1, da Lei de Organização e Funcionamento dos Tribunais Judiciais (Lei n.° 3/99, de 13 de Janeiro que revogou a Lei n.° 38/87, de 23 de Dezembro) que "o território divide-se em distritos judiciais, círculos judiciais e comarcas" abrangendo, a área territorial dos círculos, a de uma ou várias comarcas, e exercendo neles funções dois ou mais Juízes de Direito, designados por juízes de círculo, o que não prejudica o funcionamento próprio dos tribunais desdobrados em varas (artigo 66.°, do mesmo diploma).

3. A nomeação interina deve obedecer aos mesmos critérios especificados nos n.os 1, 2 e 3, do artigo 44.°.

4. Os "requisitos legais" a que se refere o n.º 3, deste artigo, são os indicados no n.º 1, isto é, mais de 10 anos de serviço e classificação não inferior a Bom com distinção.

5. O "quadro de Juízes de Círculo" e a tramitação dos processos da sua competência, constam do artigo 5.º, do Decreto-Lei n.º 186-A/99, de 31 de Maio, Regulamento da Lei n.º 3/99, de 13 de Janeiro (Lei de Organização e Funciona-mento dos Tribunais Judiciais".

Vid., ainda, os artigos 9.º (funções por inerência) e 20.º (apoio administrativo), do mesmo diploma.

ARTIGO 45.º-A
Equiparação a juiz de círculo

1. O preceituado no artigo anterior aplica-se à nomeação de Juízes dos tribunais de família, dos tribunais de família e menores, dos tribunais de comércio, dos tribunais marítimos, dos tribunais de instrução criminal, referidos no artigo 80.º, da Lei n.º 3/99, de 13 de Janeiro, dos tribunais de trabalho, dos tribunais de execução das penas e das varas.

2. Os Juízes a que se refere o número anterior são equiparados, para efeitos remuneratórios, a juízes de círculo.

1. Este artigo foi aditado pela Lei n.º 143/99, de 31 de Agosto, que alterou a Lei n.º 21/85, de 30 de Julho (Estatuto dos Magistrados Judiciais) que entretanto já sofrera várias alterações.

2. V. a anotação ao artigo anterior.

3. Sobre os "Tribunais de instrução criminal" estabelece o artigo 79.º da Lei de Organização e Funcionamento dos Tribunais Judiciais (Lei n.º 3/99, de 13 de Janeiro, que alterou a Lei n.º 38/87, de 23 de Dezembro), a sua competência, ou seja, proceder à instrução criminal, decidir quanto à pronúncia e exercer as funções jurisdicionais relativas ao inquérito. O artigo 80.º, do mesmo diploma, citado no n.º 1, do artigo em comentário, dispõe:

"1. A competência a que se refere o n.º 1, do artigo anterior, quanto aos crimes enunciados no n.º 1, do artigo 47.º, da Lei n.º 60/98, de 27 de Agosto, cabe a um tribunal central de instrução criminal, quando a actividade criminosa ocorrer em comarcas pertencentes a diferentes distritos judiciais

"2. A competência dos tribunais de instrução criminal da sede dos distritos judiciais abrange a área do respectivo distrito relativamente aos crimes a que se refere o número anterior, quando a actividade criminosa ocorrer em comarcas pertencentes a diferentes círculos judiciais.

"3. Nas comarcas em que o movimento processual o justifique e sejam criados departamentos de Investigação e Acção Penal (DIAP) serão também criados tribunais de instrução criminal com competência circunscrita à área da comarca ou comarcas abrangidas

"4. O disposto nos números anteriores não prejudica a competência do juiz de instrução da área onde os actos jurisdicionais, de carácter urgente, relativos ao inquérito, devam ser realizados".

Vid., ainda, sobre Juízes de Instrução Criminal, os artigos 8.º (âmbito do exercício de funções) e 21.º (apoio administrativo), do Decreto-Lei n.º 186-A/99, de 31 de Maio (Regulamento da Lei n.º 3/99, de 13 de Janeiro (Lei de Organização e Funcionamento dos Tribunais Judiciais).

4. Sobre "Juízes de círculo" veja – se a anotação ao artigo 45.º. E sobre a sua remuneração, veja-se o artigo 22.º.

SECÇÃO III
Nomeação dos juízes das Relações

ARTIGO 46.º
Modo de provimento

O provimento de vagas de Juiz das Relações faz-se por promoção, mediante concurso curricular, com prevalência do critério do mérito entre Juízes da 1.ª instância.

ARTIGO 47.º
Concurso e graduação

1. São concorrentes os 60 Juízes mais antigos dos classificados com *Muito Bom ou Bom com distinção* e que não declarem renunciar à promoção.

2. A graduação faz-se segundo o mérito relativo dos concorrentes, tomando-se em conta a classificação e a antiguidade.

3. Os requerimentos e as declarações de renúncia são apresentados no prazo previsto no n.º 3, do artigo 39.º.

1. A redacção do n.º 1, resulta da Lei n.º 143/99, de 31 de Agosto, que alterou a Lei n.º 21/85, de 30 de Julho (Estatuto dos Magistrados Judiciais), a qual já sofrera, entretanto, várias alterações).

2. Veja-se a anotação ao artigo 39.º.

3. Sobre as "classificações", vejam-se os artigos 33.º a 37.º.
Sobre a "antiguidade", vejam-se os artigos 72.º a 79.º.

ARTIGO 48.º
Distribuição de vagas

1. As vagas são preenchidas, na proporção de duas para uma, por concorrentes classificados respectivamente com Muito Bom ou Bom com distinção.

2. No provimento de vagas procede-se, sucessivamente, pela seguinte forma:

a) As duas primeiras vagas são preenchidas pelos Juízes de Direito mais antigos classificados de Muito Bom;

b) A terceira vaga é preenchida pelo Juiz de Direito mais antigo classificado de Bom com distinção.

3. Não havendo, em número suficiente, concorrentes classificados com Muito Bom, as respectivas vagas são preenchidas por magistrados classificados com Bom com distinção e vice-versa.

1. Sobre "classificações" vejam-se os artigos 33.º a 37.º.

2. O quadro de Juízes dos Tribunais da Relação, consta do mapa V anexo ao Decreto-Lei n.º 186-A/99, de 31 de Maio.

Na fixação do número e composição das (suas) secções, o Conselho Superior da Magistratura terá em atenção o volume e a complexidade do serviço" – artigo 4.º daquele diploma (Regulamento da Lei n.º 3/99, de 13 de Janeiro (Lei de Organização e Funcionamento dos Tribunais Judiciais).

ARTIGO 49.º
Regime subsidiário

1. Aplica-se subsidiariamente aos Juízes da Relação o disposto no n.º 5, do artigo 43.º e nos n.ᵒˢ 1.º a 3, do artigo 44.º, com as necessárias adaptações.
2. A transferência a pedido dos Juízes da Relação não está sujeita ao prazo do n.º 1, do artigo 43.º, excepto no caso de atrasos no serviço que lhes sejam imputáveis.
3. A transferência dos Juízes da Relação não prejudica a sua intervenção nos processos já inscritos em tabela.

1. Este artigo foi reformulado e aditado o n.º 3, pela Lei n.º 143/99, de 31 de Agosto, que alterou a Lei n.º 21/85, de 30 de Julho (Estatuto dos Magistrados Judiciais) a qual sofrera, já, entretanto, várias alterações.

2. O n.º 5, do artigo 43.º, refere-se ao regime de "permutas" Veja-se a anotação a esse artigo.

3. A sua transferência, a pedido, não está sujeita ao prazo de dois anos sobre a data da deliberação que os haja nomeado para o cargo anterior, salvo se neste se verificarem atrasos no serviço que lhe sejam imputáveis.

4. Este artigo refere a aplicabilidade dos n.ᵒˢ 1 a 3 do artigo 44.º, à nomeação dos Juízes da Relação.
Todavia o n.º 2 deste, é manifestamente inaplicável – veja-se esta norma e a anotação a esse artigo.
Quanto à aplicação dos n.ᵒˢ 1 e 3, desse artigo 44.º, previnem eles os critérios de colocação.

SECÇÃO IV
Nomeação de Juízes do Supremo tribunal de Justiça

ARTIGO 50.º
Modo de provimento

O acesso ao Supremo Tribunal de Justiça faz-se mediante concurso curricular aberto a magistrados judiais e do Ministério Público e outros juristas de mérito nos termos dos artigos seguintes.

1. O "quadro dos Juízes do Supremo Tribunal de Justiça" é o que consta do Mapa IV, anexo ao Decreto-Lei n.º 186-A/99, de 31 de Maio (Regulamento da Lei n.º 3/99, de 13 de Janeiro Lei de Organização e Funcionamento dos Tribunais Judiciais") e na sua fixação e composição das suas secções, o Conselho Superior da Magistratura terá em atenção o volume e a complexidade do serviço – artigo 3.º, daquele diploma.

ARTIGO 51.º
Consurso

1. Com a antecedência mínima de noventa dias relativamente à data previsível de abertura de vagas ou nos oito dias posteriores à ocorrência destas, o Conselho Superior da Magistratura, por aviso publicado no Diário da República, declara aberto concurso curricular de acesso ao Supremo Tribunal de Justiça.

2. São concorrentes necessários os Juízes da Relação que se encontrem no quarto superior da lista de antiguidade e não declarem renunciar ao acesso.

3. São concorrentes voluntários:

a) Os Procurador-gerais-adjuntos que o requeiram, com antiguidade igual ou superior à do mais moderno dos Juízes referidos no número 2 e classificação de Muito Bom ou Bom com distinção;

b) Os juristas que o requeiram, de reconhecido mérito e idoneidade cívica com, pelo menos, vinte anos de actividade profissional exclusiva ou sucessivamente na carreira docente universitária ou na advocacia, contando-se até ao máximo de cinco anos o tempo de serviço que estes juristas tenham prestado nas magistraturas judicial ou do Ministério Público.

4. Os requerimentos, com os documentos que os devam instruir e as declarações de renúncia são apresentados no prazo de vinte dias, contado da publicação do aviso a que se refere a alínea *a)*, do número 3.

5. No mesmo prazo a Procuradoria-Geral da República envia ao Conselho Superior da Magistratura os elementos curriculares dos magistrados do Ministério Público que se encontrem na situação a que se refere a alínea *a)*, do número 3.

6. Os concorrentes que sejam juristas de reconhecido mérito

cessarão, com a apresentação do seu requerimento1 qualquer actividade político-partidária de carácter público.

1. O "aviso" a que se refere o n.º 1, é publicado na 2.ª Série do Diário da República.

2. Sobre a "lista de antiguidade" veja-se o artigo 76.º.

3. Sobre as classificações dos magistrados do Ministério Público, vejam-se os artigos 109.º a 113.º do Estatuto do Ministério Público (Lei n.º 60/98, de 27 de Agosto).

4. A obrigação de cessação de qualquer actividade política – partidária pública, para os juristas concorrentes (n.º 3, alínea b), do artigo em comentário) decorre do estatuído no artigo 11.º, embora aqui mais restrita, uma vez que a cessação dessas actividades é anterior à sua própria eventual nomeação para Juiz do Supremo Tribunal de Justiça.

ARTIGO 52.º
Graduação e provimento de vagas

1. A graduação faz-se segundo o mérito relativo dos concorrentes de cada classe, tomando-se globalmente em conta os seguintes factores:

a) Anteriores classificações de serviço;

b) Graduação obtida em concursos de habilitação ou cursos de ingresso em cargos judiciais;

c) Currículo universitário ou cursos de ingresso em cargos judiciais;

d) Trabalhos científicos realizados;

e) Actividade desenvolvida no âmbito forense ou no ensino jurídico;

f) Outros factores que abonem a idoneidade dos requerentes para o cargo a prover.

2. A repartição de vagas faz-se, sucessivamente, do seguinte modo:

a) Três em cada cinco vagas são preenchidas por Juízes da Relação;

b) Uma em cada cinco vagas é preenchida por Procuradores--gerais-adjuntos;

c) Uma em cada cinco vagas é preenchida por juristas de reconhecido mérito;

d) As vagas não preenchidas nos termos da alínea *b)*, são atribuídas a Juízes, das não preenchidas nos termos da alínea *c)* três em cada quatro são atribuídas a Juízes da Relação e uma em cada quatro a Procuradores-gerais-adjuntos.

3. Nas nomeações de Juízes da Relação e Procuradores-gerais--adjuntos deve ter-se em conta a antiguidade relativa aos concorrentes dentro de cada classe.

SECÇÃO V
Comissões de serviço

ARTIGO 53.º
Autorização para comissões de serviço

1. Os magistrados judiciais em exercício não podem ser nomeados em comissão de serviço sem autorização do Conselho Superior da Magistratura.

2. A autorização só pode ser concedida relativamente a magistrados com, pelo menos cinco anos de serviço efectivo.

ARTIGO 54.º
Natureza das comissões

1. As comissões de serviço podem ser ordinárias ou eventuais.

2. São comissões de serviço ordinárias as previstas na lei como modo normal de desempenho de certa função e eventuais as restantes.

3. As comissões ordinárias de serviço implicam a abertura de vaga, salvo as previstas nas alíneas *a)*, *b)*, *c)* e *e)* do n.º 1 e no n.º 2 do artigo 56.º.

1. Assim, não abrem vaga a nomeação para Inspector Judicial, Director e docente do Centro de Estudos Judiciários ou, por qualquer forma, responsável pela formação dos magistrados judiciais e do Ministério Público,

Secretário do Conselho Superior da Magistratura e Vogal do mesmo Conselho, quando o cargo seja exercido em tempo integral, as comissões que respeitem ao exercício de funções nas áreas de cooperação internacional, e de apoio técnico-legislativo relativo à reforma dos sistema judiciário no âmbito do Ministério da Justiça

2. Sobre a orgânica do Centro de Estudos Judiciários, veja-se a Lei n.º 16/98, de 8 de Abril.

3. Sobre a composição do Conselho Superior da Magistratura, nomeadamente os vogais que ali exercem o cargo a tempo inteiro, vejam-se os artigos 137.º e 138.º.

ARTIGO 55.º
Comissões ordinárias

As comissões de serviço de natureza judicial são ordinárias.

1. As "comissões de serviço de natureza judicial" vêm enumeradas no artigo seguinte.

ARTIGO 56.º
Comissões de natureza judicial

1. Consideram-se comissões de serviço de natureza judicial as respeitantes aos cargos de:

a) Inspector Judicial;
b) Director e docente do Centro de Estudos Judiciais ou, por qualquer forma, responsável pela formação dos magistrados judiciais e do Ministério Público;
c) Secretário do Conselho Superior da Magistratura;
d) Juiz em Tribunal não judicial;
e) Vogal do Conselho Superior da Magistratura, quando o cargo seja exercido em tempo integral;
f) Assessor no Supremo Tribunal de Justiça, no Tribunal Constitucional ou no Conselho Superior da Magistratura;
g) Procurador-geral-adjunto, nos termos da respectiva lei orgânica.

2. São ainda consideradas de natureza judicial as comissões de serviço que respeitem ao exercício de funções nas áreas de cooperação internacional, nomeadamente com os países africanos de língua oficial portuguesa e de apoio técnico-legislativo relativo à reforma do sistema judiciário português no âmbito do Ministério da Justiça.

1. As alíneas *b*) e *f*), resultam da redacção dada ao presente Estatuto aprovado pela Lei n.º 21/85, de 30 de Julho, que entretanto já sofrera várias alterações) pela Lei n.º 143/99, de 31 de Agosto.

2. Sobre "Inspectores judiciais", vejam-se os artigos 160.º a 162.º.

3. Sobre a orgânica do Centro de Estudos Judiciários, veja-se a Lei n.º 16/98, de 8 de Abril.

4. Sobre os vogais do Conselho Superior da Magistratura, designadamente os que não exercem o cargo a tempo integral, veja-se o artigo 148.º.

5. Sobre os "Assessores" no Supremo Tribunal de Justiça, nos tribunais da Relação e em certos tribunais de 1.ª instância – veja-se a Lei n.º 2/98, de 8 de Janeiro.

Veja-se, também, o "Regulamento do Curso de Formação de Assessores das Magistraturas Judicial e do Ministério Público nos Tribunais da Relação e nos Tribunais de 1.ª instância" publicado no Diário da República, 2.ª série, de 18 de Maio de 1998.

No Tribunal Constitucional, vejam-se os Decretos-Lei n.os 149/83, de 5 de Abril e 72-A/90, de 3 de Março.

No Conselho Superior da Magistratura, veja-se a Portaria n.º 184/99.

6. A lei orgânica do Ministério Público, hoje designada por Estatuto do Ministério Público é a Lei n.º 47/86, de 15 de Outubro, que sofreu sucessivas alterações a última das quais, pela Lei n.º 60/98, de 27 de Agosto.

ARTIGO 57.º
Prazo das comissões de serviço

1. Na falta de disposição especial, as comissões ordinárias de serviço têm a duração de três anos e são renováveis por igual período, podendo excepcionalmente, em caso de relevante interesse público, ser renovada por novo período, de igual duração.

2. A comissão de serviço que se destine à prestação de servi-

ços em instituições e organizações internacionais ou, no âmbito de convénio de cooperação, em país estrangeiro, que implique a residência do magistrado judicial nesse pais tem o prazo que durar essa actividade.

3. As comissões eventuais de serviço podem ser autorizadas por períodos até um ano, sendo renováveis até ao máximo de seis anos.

4. Não podem ser nomeados em comissão de serviço, antes que tenham decorrido três anos sobre a cessação do último período, os magistrados que tenham exercido funções em comissão de serviço durante seis anos consecutivos.

1. Redacção da Lei n.º 143/99, de 31 de Agosto, que alterou a Lei n.º 21/85, de 30 de Julho (Estatuto dos Magistrados Judiciais) a qual, entretanto, sofrera já várias alterações.

2. O disposto no n.º 4, deste artigo tem de ser compatibilizado com o disposto na parte final do n.º 1.

Assim, o prazo estabelecido no n.º 4, para nova nomeação em comissão de serviço contar-se-á a partir do termo da comissão de serviço anterior.

ARTIGO 58.º
Contagem do tempo em comissão de serviço

O tempo em comissão de serviço é considerado, para todos os efeitos, como de efectivo serviço na função.

1. Sobre a classificação de magistrados judiciais em comissão de serviço, vejam-se os artigos 35.º e 36.º.

2. Sobre "antiguidade", vejam-se os artigos 72.º a 79.º.

SECÇÃO VI
Posse

ARTIGO 59.º
Requisitos da posse

1. A posse deve ser tomada pessoalmente e no lugar onde o magistrado vai exercer funções.

2. Quando não se fixe prazo especial, o prazo para tomar posse é de trinta dias e começa no dia imediato ao da publicação da nomeação no Diário da República.

3. Em casos justificados, o Conselho Superior da Magistratura pode prorrogar o prazo para a posse ou autorizar ou determinar que esta seja tomada em local diverso do referido no n.º 1.

1. No n.º 3, a Lei n.º 143/99, de 31 de Agosto, que alterou a Lei n.º 21/85, de 30 de Julho (Estatuto dos Magistrados Judiciais) a qual já sofrera várias alterações, introduziu a locução "e determinar".

2. A publicação da nomeação é feita na 2.ª Série do Diário da República.

3. Dever-se-ia atender a que o Diário da República não chega nos mesmos dias às diversas circunscrições judiciais, designadamente às das regiões autónomas.

Assim, o prazo para a posse devia contar-se da data da recepção da folha oficial, no local onde o magistrado nomeado exerça funções.

4. Quanto ao "prazo especial" existirá, por exemplo no caso de nomeação em comissão de serviço que não seja o serviço judicial a que este Estatuto respeita.

Por outro lado, poderá ainda, casuisticamente, o Conselho fixar outros prazos, como sucedeu, p.ex., no movimento de magistrados, de Setembro de 1999, em que o prazo para a posse, foi reduzido a 5 ou 15 dias, conforme respeitasse ao continente ou às regiões autónomas (entre aquele e estas ou entre as ilhas).

ARTIGO 60.º
Falta de posse

1. Quando se tratar da primeira nomeação, a falta não justificada da posse dentro do prazo importa, sem dependência de qualquer formalidade, a anulação da nomeação e inabilita o faltoso para ser nomeado para o mesmo cargo durante dois anos.

2. Nos demais casos, a falta não justificada de posse é equiparada a abandono de lugar.

3. A justificação deve ser requerida no prazo de dez dias a contar do facto que impossibilitou a posse no prazo.

1. Sobre "abandono de lugar" vejam-se os artigos 125.º e 126.º.

ARTIGO 61.º
Competência para conferir posse

1. Os magistrados judiciais prestam compromisso de honra e tomam posse:
   a) Os Juízes do Supremo Tribunal de Justiça e os Presidentes das Relações, perante o Presidente do Supremo Tribunal de Justiça;
   b) Os Juízes das Relações, perante os respectivos Presidentes;
   c) Os Juízes de Direito, perante o respectivo substituto ou, tratando-se de Juízes em exercício de funções da sede de tribunal de Relação, perante o respectivo Presidente.
2. Em casos justificados, o Conselho Superior da Magistratura pode autorizar ou determinar que a posse seja tomada perante magistrado judicial não referido no número anterior.

1. A alínea *c*) e o n.º 2, resultam da redacção da Lei n.º 143/99, de 31 de Agosto, sexta alteração ao presente Estatuto, aprovado pela Lei n.º 21/85, de 30 de Julho

2. Os magistrados em "comissão de serviço" não tomam posse – artigo 63.º.

3. Sobre "prazos" para tomar posse, veja-se a anotação ao artigo 59.º.

ARTIGO 62.º
Posse do Presidente do Supremo Tribunal de Justiça

O Presidente do Supremo Tribunal de Justiça toma posse, em acto público, perante o Plenário do mesmo Tribunal.

ARTIGO 63.º
Magistrados em comissão

Os magistrados judiciais que sejam promovidos ou nomeados enquanto em comissão ordinária de serviço ingressam na nova categoria, independentemente de posse, a partir da publicação da respectiva nomeação.

1. Sobre "comissão ordinária de serviço", vejam-se os artigos 53.º a 57.º.

CAPÍTULO V
Aposentação e suspensão de funções

SECÇÃO I
Aposentação

ARTIGO 64.º
Aposentação a requerimento

Os requerimentos para aposentação voluntária são enviados ao Conselho Superior da Magistratura, que os remete à Administração da Caixa Geral de Aposentações.

1. O Regulamento da Caixa Geral de Aposentações foi aprovado pelo Decreto-Lei n.º 277/93, de 10 de Agosto.

ARTIGO 65.º
Aposentação por incapacidade

1. São aposentados por incapacidade os magistrados judiciais que, por debilidade ou entorpecimento das faculdades físicas ou intelectuais, manifestados no exercício da função, não possam continuar nesta sem grave transtorno da justiça ou dos respectivos serviços.
2. Os magistrados que se encontrem na situação referida no número anterior, são notificados para, no prazo de trinta dias, requererem a aposentação ou produzirem, por escrito, as observações que tiverem por convenientes.
3. No caso previsto no número 1, o Conselho Superior da Magistratura pode determinar a imediata suspensão de funções do magistrado cuja incapacidade especialmente o justifique.
4. A suspensão prevista no presente artigo é executada por forma a serem resguardados o prestígio da função e a dignidade do magistrado e não têm efeito sobre as remunerações auferidas.

ARTIGO 66.º
Efeitos da aposentação por incapacidade

A aposentação por incapacidade não implica redução da pensão.

ARTIGO 67.º
Jubilação

1. Os magistrados judiciais que se aposentem por limite de idade, por incapacidade ou nos termos do artigo 37.º do Estatuto da Aposentação, excluída a aplicação de pena disciplinar, são considerados jubilados.

2. Os magistrados jubilados continuam vinculados aos deveres estatutários e ligados ao tribunal de que faziam parte, gozam os títulos, honras, regalias e imunidades correspondentes à sua categoria e podem assistir de trajo profissional às cerimónias solenes que se realizem no referido tribunal, tomando lugar à direito dos magistrados em serviço activo.

3. Os magistrados judiciais podem fazer declaração de renúncia à condição de jubilados ou pode ser-lhes concedida suspensão temporária dessa condição, ficando sujeitos em tais casos ao regime geral da aposentação pública.

1. Sobre o regime geral da Aposentação Pública, veja-se o Decreto-Lei n.º 498/72, de 9 de Dezembro, alterado pelo Decreto-Lei n.º 191-A/79, de 25 de Junho e pelo Decreto-Lei n.º 116/85, que permite a aposentação independentemente da idade, que é, normalmente, de 65 anos, desde que com 36 anos de serviço.

2. Sobre incompatibilidades, veja-se a anotação ao artigo 11.º.

3. Sobre a pena disciplinar de aposentação, seus efeitos e aplicação, vejam-se os artigos 85.º, n.º 1, alínea *f*), 90.º e 95.º.

ARTIGO 68.º
Direitos e obrigações

1. Aos magistrados judiciais jubilados é aplicável o disposto nas alíneas *a*) a *g*) do n.º 1 e no n.º 5, do artigo 17.º, e no n.º 2, do artigo 29.º.

2. A pensão de aposentação será calculada, sem qualquer dedução no quantitativo apurado, em função de todas as remunerações sobre as quais incidiu o desconto respectivo.

3. Até liquidação definitiva, os magistrados judiciais têm direito

ao abono da pensão provisória, calculada e abonada, nos termos gerais pela repartição processadora.

4. As pensões de aposentação dos magistrados jubilados são automaticamente actualizadas e na mesma proporção em função do aumento das remunerações dos magistrados de categoria e escalão correspondentes àqueles em que se verifica a jubilação.

5. Os magistrados judiciais jubilados encontram-se obrigados à reserva exigida pela sua condição.

6. O estatuto de jubilado pode ser retirado por via de procedimento disciplinar.

1. O artigo 17.º, aqui referido, respeita aos "direitos especiais" dos Juízes: o n.º 1, à entrada e livre trânsito em gares, cais de embarque e aeroportos mediante simples exibição de cartão de identificação (alínea *a*); o uso, porte e manifesto gratuito de armas de defesa e a aquisição das respectivas munições, independentemente de licença ou participação, podendo requisitá-las aos serviços do Ministério da justiça, através do Conselho Superior da Magistratura (alínea *b*); a utilização gratuita de transportes colectivos públicos terrestres e fluviais, de forma a estabelecer pelo Ministério da Justiça, dentro da área da circunscrição em que exerçam funções [1] e, na hipótese do n.º 2, do artigo 8.º autorização para residirem em local diferente da sede do tribunal onde exercem funções (?) [2], desde esta até à sua residência (alínea *c*); ter telefone em regime de confidencialidade, se para tanto for colhido parecer favorável do Conselho Superior da Magistratura (alínea *d*); acesso, nos termos constitucionais e legais, a bibliotecas de bases de dados documentais públicas, designadamente as dos tribunais superiores, do Tribunal Constitucional e da Procuradoria-Geral da República (alínea *e*), a vigilância especial da sua pessoa, família e bens, a requisitar pelo Conselho Superior da Magistratura ou, em caso de urgência, pelo magistrado ao comando da força policial da área da sua residência, sempre que ponderosas razões de segurança o exijam (alínea *f*); a isenção de custas em qualquer acção em que o juiz seja parte principal ou acessória, por via do

---

[1] A aposentação jubilação implica a cessação de funções na magistratura (artigo 70.º) só excepcionalmente o magistrado jubilado podendo exercer funções de inspecção ou instrução de inquéritos e processos disciplinares (artigo 162.º, n.º 3). Assim não faz sentido a referência aqui feita a "circunscrição em que exerçam funções".

[2] Nem faz sentido a referência à autorização para residirem em local diferente da "sede do tribunal onde exercem funções", já que não têm "domicílio necessário" (artigo 8.º, n.ºs 1 e 3) posto que cessaram aquelas.

exercício das funções, incluindo as de membro do Conselho Superior da Magistratura ou de inspector judicial (alínea *g*).

Tendo em consideração que o magistrado jubilado pode, com a sua anuência, exercer funções de inspector ou instrutor de inquéritos e processos disciplinares (artigo 162.º, n.º 3) não se justificará negar-se-lhes o benefício estabelecido na alínea *h*): – "a dedução, para cálculo do Imposto sobre o Rendimento de Pessoas Singulares, de quantias despendidas com a valorização profissional, até montante a fixar anualmente na lei do orçamento do Estado".

O n.º 5, do artigo 17.º, referido no artigo em comentário, refere-se à atribuição de "cartão de identificação".

2. O n.º 2, do artigo 29.º, refere-se ao subsídio de compensação aos magistrados judiciais que não disponham de casa ou habitação, fornecida pelo Estado ou não a habitem por terem sido autorizados a residir em local diferente do seu domicílio necessário [1], (v. artigo 8.º, n.º 2).

3. A redacção do n.º 1 e o aditamento que passou a constituir o n.º 4, resultam da sexta alteração feita ao presente Estatuto, pela Lei n.º 143/99.

4. Sobre as componentes do sistema retributivo vejam-se os artigos 22.º e seguintes.

5. Por violação dos deveres não conexos com o exercício efectivo das funções, o estatuto de jubilado pode ser retirado desde que constituam infracção disciplinar (dentro daquele âmbito), mediante processo disciplinar (vejam-se, sobre infracções disciplinares, seus efeitos e procedimento disciplinar os artigo 82.º, 84.º e 100.º.

ARTIGO 69.º
Regime supletivo e subsidiário

Em tudo o que não estiver regulado no presente Estatuto aplica-se à aposentação de magistrados judiciais o regime estabelecido para a função pública.

1. Sobre o regime da aposentação para a função pública, veja-se a anotação ao artigo 67.º.

---

[1] A mesma observação feita nas notas anteriores há a fazer aqui.

SECÇÃO II
Cessação e suspensão de funções

ARTIGO 70.º
Cessação de funções

1. Os magistrados judiciais cessam funções:
   a) No dia em que completem a idade que a lei prevê para a aposentação de funcionários do Estado;
   b) No dia em que for publicado o despacho da sua desligação do serviço;
   c) No dia imediato àquele em que chegue à comarca ou ao lugar onde servem o Diário da República com a publicação da nova situação.

2. No caso previsto na alínea *c*) do número anterior os magistrados que tenham iniciado qualquer julgamento prosseguem os seus termos até final, salvo se a mudança de situação resultar de acção disciplinar.

1. Sobre a aposentação de funcionários do Estado ver anotação ao artigo 67.º.

2. Sobre os efeitos das penas disciplinares, designadamente a de "mudança de situação" vejam-se os artigos 106.º e 107.º.

3. A hipótese prevista no n.º 2, está de harmonia com o disposto no n.º 3, do artigo 654.º, do Código de Processo Civil:

"3. O juiz que for transferido, promovido ou aposentado concluirá o julgamento, excepto se a aposentação tiver por fundamento a incapacidade física, moral ou profissional para o exercício do cargo ou se, em qualquer dos casos, for preferível a repetição dos actos já praticados, observado o disposto no número anterior.

"O juiz substituto continuará a intervir, não obstante o regresso ao serviço do juiz efectivo".

ARTIGO 71.º
Suspensão de funções

Os magistrados judiciais suspendem as respectivas funções:

a) No dia em forem notificados do despacho de pronúncia ou do despacho que designa dia para julgamento por crime doloso [1];

---

[1] A alínea *a*), deste artigo merece especial ponderação. Por isso se transcreve, com o devido respeito, um Despacho brilhante do Sr. Juiz Conselheiro, então Vice-Presidente do Conselho Superior da Magistratura. Dr. Octávio Castelo Paulo, que mereceu a concordância do Conselho Permanente e que, embora de 10 de Março de 1995, mantém inteira actualidade:

"Nos termos do art. 71.º *a*) da Lei n.º 21/85 de 30 de Julho E.M.J., os magistrados judiciais suspendem as respectivas funções no dia em que forem notificados do despacho de pronúncia por crime doloso.

"O presente preceito encontra-se em sintonia com os dispositivos processo penalísticos anteriores à vigência do novo Código de Processo Penal aprovado pelo DL n.º 78/87, de 17.2.

"Assim e no domínio do Código de 1929 distinguia-se o despacho de pronúncia do despacho de recebimento da acusação que se considerava equivalente ao de pronúncia. E considerá-lo equivalente e não igual significava que neste último não tinha havido uma prévia apreciação valorativa da acusação quer de facto quer de direito, apenas podendo ser recebida ou rejeitada em bloco, não se limitando por isso os poderes cognoscitivos do tribunal do julgamento a não ser em face do libelo acusatório. O mesmo não sucedia com a pronúncia na qual o Juiz tomava posição valorativa face à acusação deduzida, delimitando os poderes de cognição do Tribunal em tudo o que pudesse ser desfavorável ao réu.

"Os factos integradores dos crimes de maior gravidade, sujeitos a instrução preparatória e contraditória, eram fixados através do despacho de pronúncia.

"Assim podemos concluir que, em regra, a pronúncia é uma decorrência do tipo de processo (querela) e este da moldura abstracta da pena.

"O mesmo não sucede no Código de Processo Penal vigente.

"Mantendo-se a distinção entre pronúncia e despacho de recebimento da acusação com as incidências processuais já consagradas e transitadas do direito anterior, temos que a pronúncia, hoje, não decorre nem do tipo de processo nem da gravidade do tipo de infracção.

"A existência ou não de pronúncia apenas está conexionada com a existência ou não de instrução, ou seja, sempre que requerida a instrução em qualquer tipo de infracção por um dos sujeitos processuais, a consequência legal é a da existência de um despacho de pronúncia ou não pronúncia.

"A pronúncia hoje tanto pode ocorrer em crimes de grande gravidade como em "bagatelas penais", tudo dependendo do inquérito ser ou não seguido de instrução.

"<u>Por isso a interpretação do art. 71.º *a*) do E.M.J. deve ser cuidadosa, restritiva e de acordo com o sentido que tinha a quando da sua criação não se aplicando ao Processo Penal hodierno</u> (sublinhado nosso).

"O magistrado só deve ser suspenso se pronunciado em processo de querela (ou seja por crime a que correspondia pena superior a dois anos de prisão), ou melhor, se pronunciado por crime praticado no âmbito da vigência do Código Penal de 1929.

"E hoje?

"Não temos preceito que tal permita por entendermos que o mesmo art. 71.º *a*) E.M.J. se encontra revogada, face ao novo Código de Processo Penal.

"<u>Na verdade a suspensão do exercício de funções não pode decorrer hoje da norma</u>

b) No dia em que lhes for notificada suspensão preventiva por motivo de procedimento disciplinar ou aplicação de pena que importe afastamento do serviço;

c) No dia em que lhes for notificada a suspensão nos termos do n.º 3, do artigo 65.º;

d) No dia em que lhes for notificada a deliberação que lhes atribua a classificação referida no n.º 2 do artigo 34.º.

1. A Lei n.º 143/99, de 31 de Agosto, que alterou a Lei n.º 21/85, de 30 de Julho (Estatuto dos Magistrados Judiciais) a qual, entretanto, já sofrera várias alterações, aditou a este artigo a alínea *d*).

2. Sobre a "suspensão preventiva", veja-se o artigo 116.º.

3. A alínea *c*) deste artigo refere-se à notificação da deliberação do Conselho Superior da Magistratura que determine a imediata suspensão de funções do magistrado que por debilidade ou entorpecimento das faculdades físicas ou intelectuais, manifestados no exercício da função, não possa continuar nesta sem grave transtorno da justiça ou dos respectivos

---

estatutária mas apenas por via jurisdicional como medida de coacção prevista no art. 199.º do Código de Processo Penal".

Poderá assinalar-se, ainda, o seguinte:

Hoje, actualizando o texto na escassa medida do necessário, após a "acusação" ou as partes com legitimidade requerem a abertura de instrução (art. 287.º, do C.P.P.) ou não.

Naquela primeira hipótese cabe ao juiz de instrução criminal, proferir o despacho de pronúncia, nos termos e com a amplitude previstas no artigo 308.º, do mesmo Código.

Na segunda hipótese, o presidente do tribunal competente, se não rejeitar ou aceitar a acusação (art. 311.º), profere despacho designando dia para julgamento (art. 313.º).

Podendo, se o crime imputado for punível com pena de prisão de máximo superior a dois anos o juiz impor ao arguido cumulativamente, se for caso disso, a suspensão do exercício de funções, sempre que a interdição do exercício respectivo possa vir a ser decretada como efeito do crime imputado (art. 199.º do mesmo diploma e artigos 67.º e 68.º, do Código Penal).

Como se vê, pois, e se repete, o Despacho transcrito, mantém toda a sua actualidade.

Mais curioso será ainda observar que o artigo 152.º, do Estatuto do Ministério Público, com a alteração introduzida ao artigo 127.º, da sua anterior Lei Orgânica, pela Lei n.º 60/98, de 27 de Agosto, anterior pois em 1 ano à sexta alteração feita ao Estatuto dos Magistrados Judiciais, pela Lei n.º 143/99, de 31 de Agosto, e posterior em 14 anos à Lei, n.º 21/85, de 30 de Julho, que aprovou aqueles Estatutos (e que, neste ponto, se manteve inalterada), "actualizou", em certa medida, a norma, passando a determinar que "os magistrados do Ministério Público suspendem as respectivas funções: *a*) No dia em que forem notificados do despacho que designa dia para julgamento relativamente a acusação contra si deduzida por crime doloso".

Tratamentos diferentes, por desígnios insondáveis do legislador ou… mera ignorância?

serviços, se essa incapacidade especialmente se verificar (artigo 65.º, n.ºs 1 e 3).

4. A classificação a que se refere o n.º 2, do artigo 34.º, é a de "Medíocre" que implica a suspensão do exercício de funções do magistrado e a instauração de inquérito por inaptidão para esse exercício.

CAPITULO VI
Antiguidade

ARTIGO 72.º
Antiguidade na categoria

1. A antiguidade dos magistrados na categoria conta-se desde a data da publicação do provimento no Diário da República.
2. A publicação dos provimentos deve respeitar, na sua ordem, a graduação feita pelo Conselho Superior da Magistratura.

1. Sobre o "provimento" dos magistrados judiciais, vejam-se os artigos 40.º e seguintes (designadamente os artigos 46.º e 50.º).

ARTIGO 73.º
Tempo de serviço para a antiguidade e para a aposentação

1. Para efeitos de antiguidade não é descontado:
a) O tempo de exercício de funções como Presidente da República e membro do Governo;
b) O tempo de suspensão preventiva ordenada em processo disciplinar ou determinada por despacho de pronúncia ou por despacho que designar dia para julgamento por crime doloso quando os processos terminarem por arquivamento ou absolvição;
c) O tempo de suspensão de exercício ordenada nos termos do artigo 63.º, n.º 3;
d) O tempo de suspensão de funções nos termos da alínea *d)* do artigo 71.º se a deliberação não vier a ser confirmada:
e) O tempo de prisão preventiva sofrida em processo de natureza criminal que termine por absolvição ou arquivamento;

f) O tempo correspondente à prestação de serviço militar obrigatório;

g) As faltas por motivo de doença que não excedam cento e oitenta dias em cada ano;

h) As ausências a que se refere o artigo 9.º.

2. Para efeitos de aposentação, o tempo de serviço prestado nas regiões autónomas é bonificado de um quarto [1].

1. Este artigo foi reformulado pela Lei n.º 143/99, de 31 de Agosto, que alterou a Lei n.º 21/85, de 30 de Julho (Estatuto dos Magistrados Judiciais), a qual já sofrera, entretanto, várias alterações.

2. Sobre a "suspensão de funções', em geral, veja-se o artigo 71.º.

3. O artigo 9.º refere-se ás ausências da circunscrição judicial quando em exercício de funções, no gozo de licença, férias judiciais e em sábados, domingos e feriados, mas não assim, e para esfes efeitos, as faltas dadas ao abrigo do n.º 1, do artigo 10.º, mas já não devem ser contadas as ausências dadas ao abrigo dos n.ºs 2 e 3 do mesmo artigo.

Não são igualmente consideradas ausências, para o efeito da contagem de antiguidade, as faltas a que se refere o n.º 2 e 3, do artigo 10.º.

4. A situação de "disponibilidade" (artigo 80.º) não implica perda de antiguidade ou remunerações.

ARTIGO 74.º
Tempo de serviço que não conta para a antiguidade

Não conta para efeitos de antiguidade:

a) O tempo decorrido na situação de inactividade ou de licença de longa duração;

b) O tempo que, de acordo com as disposições sobre procedimento disciplinar, for considerado perdido;

c) O tempo de ausência ilegítima de serviço.

---

[1] O artigo 3.º, da Lei n.º 143/99, de 31 de Agosto, que alterou a Lei n.º 21/85, de 30 de Julho (Estatuto dos Magistrados Judiciais) que, entretanto já sofrera várias alterações, mantém em vigor a disposição do n.º 2, do artigo 73.º, na redacção anterior (Lei n.º 21/85, de 30 de Julho):

"Para efeitos de aposentação, o tempo de serviço prestado nas regiões autónomas e em Macau, é bonificado de um quarto".

1. Sobre a "situação de inactividade" vejam – se os artigos 85.°, n.° 1, 89.°, 94.°, 105.°.

2. A respeito das "disposições sobre procedimento disciplinar" que contemplam os casos em que se considera perdido o tempo de antiguidade, vejam-se os artigos 101.°, 103.°, 104.° e 105.°.

3. Sobre "ausência ilegítima" veja-se o n.° 5, do artigo 10.°.

ARTIGO 75.°
Contagem da antiguidade

Quando vários magistrados forem nomeados ou promovidos por despacho publicado na mesma data observa-se o seguinte:

a) Nas nomeações precedidas de cursos ou estágios de formação findo os quais tenha sido elaborada lista de graduação, a antiguidade é determinada pela ordem aí estabelecida;

b) Nas promoções e nomeações por concurso, a antiguidade é determinada pela ordem de acesso;

c) Em qualquer outro caso, a antiguidade é determinada pela antiguidade relativa ao lugar anterior.

1. Sobre "cursos e estágios de formação " veja-se a anotação ao artigo 41.°.

2. À nomeação mediante concurso curricular" referem-se, nomeadamente, os artigos 46.° (Juízes das Relações) e o artigo 51.° (Juízes do Supremo Tribunai de Justiça).

ARTIGO 76.°
Lista de antiguidade

1. A lista de antiguidade dos magistrados judiciais é publicada anualmente pelo Ministério da Justiça, no respectivo Boletim ou em separata deste.

2. Os magistrados judiciais são graduados em cada categoria de acordo com o tempo de serviço, mencionando-se, a respeito de cada um, a data de nascimento, o cargo ou função que desempenha, a data de colocação e a comarca de naturalidade.

3. A data da distribuição do Boletim ou da separata referidos no n.º 1 é anunciada no Diário da República.

1. A periodicidade da publicação referida no n.º 1, não tem, parece que irremediavelmente, respeitado o disposto nesse número...

ARTIGO 77.º
Reclamações

1. Os magistrados judiciais que se considerem lesados pela graduação constante da lista de antiguidade podem reclamar, no prazo de sessenta dias a contar da data referida no n.º 3, do artigo anterior, em requerimento dirigido ao Conselho Superior da Magistratura, acompanhado de tantos duplicados quanto os magistrados a quem a reclamação possa prejudicar.
2. Os magistrados judiciais que possam ser prejudicados devem ser identificados no requerimento e são notificados para responderem no prazo de quinze dias.
3. Apresentadas as respostas ou decorrido o prazo a elas reservado, o Conselho Superior da Magistratura delibera no prazo de trinta dias.

1. Se considerarmos que uma "reclamação" pode "prejudicar" centenas de magistrados, a norma do n.º 1, afigura-se, na prática, irrealizável. Resta, sendo o caso manifesto, alertar o Conselho Superior da Magistratura para exercer (in casu) o poder que lhe é conferido pelo n.º 1, do artigo 79.º, cujo subsequente processamento (n.º 2 deste último artigo) padece, afinal, da mesma dificuldade.

ARTIGO 78.º
Efeito da reclamação em movimentos já efectuados

A procedência de reclamação implica a integração do reclamante no lugar de que haja sido preterido, com todas as consequências legais.

1. Para o reclamante, tudo certo. Para os reclamados é que se afigura poder ser pura e simplesmente... impraticável o seu restabelecimento "in statu quo ante"...

ARTIGO 79.º
Correcção oficiosa dos erros materiais

1. Quando o Conselho Superior da Magistratura verificar que houve um erro material na graduação, pode a todo o tempo ordenar as necessárias correcções.
2. As correcções referidas no número anterior, logo que publicadas na lista de antiguidade, ficam sujeitas ao regime dos artigos 77.º e 78.º.

1. Sobre a "lista de antiguidade", veja-se o artigo 76.º.

CAPÍTULO VII
Disponibilidade

ARTIGO 80.º
Disponibilidade

1. Consideram-se na situação de disponibilidade os magistrados judiciais que aguardam colocação em vaga da sua categoria:
a) Por ter findado a comissão de serviço em que se encontravam;
b) Por terem regressado à actividade após cumprimento de pena;
c) Por terem sido extintos os lugares que ocupavam;
d) Por terem terminado a prestação de serviço militar obrigatório;
e) Nos demais casos previstos na lei.
2. A situação de disponibilidade não implica perda de antiguidade ou de remuneração.

1. Sobre "comissões de serviço" vejam-se os artigos 53.º a 58.º.

2. Sobre a situação de "inactividade", veja-se a anotação ao artigo 74.º.

CAPÍTULO VIII
Procedimento disciplinar

SECÇÃO I
Disposições gerais

ARTIGO 81.°
Responsabilidade disciplinar

Os magistrados judiciais são disciplinarmente responsáveis nos termos dos artigos seguintes.

ARTIGO 82.°
Infracção disciplinar

Constituem infracção disciplinar os factos, ainda que meramente culposos, praticados pelos magistrados judiciais com violação dos deveres profissionais, e os actos ou omissões da sua vida pública ou que nela se repercutam, incompatíveis com a dignidade indispensável ao exercício das suas funções.

1. Distinguem-se duas ordens de infracções disciplinares
   – uma que se refere à violação de deveres profissionais
   – outra que corresponde "lato sensu" à idoneidade civil.

2. Existe uma identidade de princípios do Direito Penal e do Direito Administrativo Sancionador. Como corolário dessa identidade de princípios deriva a exigência de um elemento subjectivo na infracção administrativa, o que implica que a reprovação que a sanção representa só será procedente quando a conduta tipificada possa ser atribuída ao autor, a título de dolo ou culpa.

Esta ideia pode ver-se aqui confirmada quando o artigo se refere a actos "ainda que meramente culposos"[1].

---

[1] Pouco existe na nossa literatura jurídica sobre o poder disciplinar do Estado.
Pode ler-se, com interesse, Federico Castillo Blanco, *Funcion Publica y Poder Disciplinario del Estado* (Cemci, Civitas) e de Alexandro Nieto, *Derecho Administrativo Sancionador* (Tecnos).
O artigo 3.° do Estatuto Disciplinar dos Funcionários e Agentes da Administração

E ainda, quando, na determinação da medida da pena se há-de atender à "culpa do agente" (artigo 96.°), igualmente referida no artigo 97.°, sobre a atenuação especial da pena.

ARTIGO 83.°
Autonomia da jurisdição disciplinar

1. O procedimento disciplinar é independente do procedimento criminal.
2. Quando em processo disciplinar se apure a existência de infracção criminal, dá-se de imediato conhecimento ao Conselho Superior da Magistratura.

1. O Código Penal prevê, como penas acessórias, a proibição do exercício de funções (artigo 66.°), a suspensão do exercício da função (artigo 67.°), os seus efeitos (artigo 68.°) e, o artigo 100.°, como medida de segurança não privativa de liberdade, a interdição de actividade, nomeadamente profissional.

ARTIGO 84.°
Sujeição à jurisdição disciplinar

1. A exoneração ou mudança de situação não impedem a punição por infracções cometidas no exercício da função.
2. Em caso de exoneração, o magistrado cumpre a pena se voltar à actividade.

1. O artigo 100.°, dispõe que, para os magistrados aposentados ou que, por qualquer outra razão, se encontrem fora da actividade, as penas de multa, suspensão do exercício ou inactividade são substituídas pela perda de pensão ou vencimento de qualquer natureza pelo tempo correspondente.

Central, Regional e Local, aprovado pelo Decreto-Lei n.° 191-D/79, de 25 de Junho, reforça esta ideia quando considera infracção disciplinar, apenas os factos culposos praticados no âmbito das suas funções.

SECÇÃO II
Das penas

SUBSECÇÃO I
Espécie de penas

ARTIGO 85.º
Escalas de penas

1. Os magistrados judiciais estão sujeitos às seguintes penas:
a) Advertência;
b) Multa;
c) Transferência;
d) Suspensão de exercício;
e) Inactividade;
f) Aposentação compulsiva;
g) Demissão.
2. Sem prejuízo do disposto no n.º 4 as penas aplicadas são sempre registadas.
3. As amnistias não destroem os efeitos produzidos pela aplicação das penas, devendo ser averbadas no competente processo individual.
4. A pena prevista na alínea *a)* do n.º 1 pode ser aplicada independentemente de processo, desde que com audiência e possibilidade de defesa do arguido, e não ser sujeita a registo.
5. No caso a que se refere o número anterior é notificado ao arguido o relatório do inspector judicial, fixando-se prazo para a defesa.

1. As penas disciplinares são registadas no processo individual do magistrado, com excepção da pena de advertência, que pode ou não ser registada – parte final do n.º 4. Não se compreende a diferença de regime em relação aos magistrados do Ministério Público já que, quanto a estes a pena de advertência não está sujeita a registo – n.º 4, do artigo 166.º, do respectivo Estatuto.

2. Aberrante, todavia, é a disposição do n.º 3:
– Dada a própria natureza do Instituto da Amnistia e que o Direito Disciplinar (na vertente do seu exercício) bebe na fonte do Direito Penal,

onde ainda hoje não existirá uma definição, salvo a que remonta ao artigo 120.° do Código Penal de 1852, ensina a doutrina, "una voce" que a amnistia apaga <u>todos</u> os efeitos da infracção, tudo se passando como se ela não existisse[1].

Questiono até a constitucionalidade ou legalidade de tal disposição e tenho em mente o disposto no artigo 8.°, do Código Civil, que refere a consideração em que o julgador deverá ter os casos que mereçam tratamento análogo (no caso, "infracções" que, embora em sedes diferentes – disciplinar e penal – mas em que este é subsidiário daquele) "afim de obter uma interpretação e aplicação uniforme do direito", ou, no artigo 9.°, do mesmo Código, quando refere que a interpretação deve ter "sobretudo em conta a unidade do sistema jurídico".

Aberrante, ainda, porque podendo ocorrer na pendência de um recurso impede o visado de ver-lhe assistida razão e revogada a decisão condenatória!

Quer dizer, torna-se inimpugnável uma decisão, susceptível ainda de impugnação, fazendo-se tábua rasa das garantias asseguradas a todos os cidadãos pelo artigo 32.° da Constituição da República Portuguesa "de defesa, incluindo o <u>recurso</u>" e a presunção de inocência "até ao trânsito em julgado da sentença de condenação" proclamada no n.° 2, do mesmo artigo[2].

3. Sobre "inspecções judiciais" vejam-se os artigos 160.° a 162.°.

4. A Lei n.° 143/99, de 31 de Agosto, aditou o n.° 5, ao Estatuto dos Magistrados Judiciais aprovado pela Lei n.° 21/85, de 30 de Julho, a qual, aliás, já sofrera várias alterações.

ARTIGO 86.°
Pena de advertência

A pena de advertência consiste em mero reparo pela irregularidade praticada ou em repreensão destinada a prevenir o magistrado

---

[1] Referindo-se à "amnistia" e a sua distinção do perdão (indulto) e da prescrição, lê-se em Eduardo Correia, Direito Criminal, 1993, II, pág. 182, citando Beleza dos Santos, "é a de que o indulto e a prescrição se referem predominantemente à pena, não apagando o crime que subsiste para os restantes efeitos, <u>enquanto que a amnistia como que faz desaparecer a infracção do mundo do direito</u>".

V., também, nota ao artigo 98.°.

[2] Excepcionalmente, a Lei n.° 29/99, de 12 de Maio (Perdão genérico e amnistia de pequenas infracções) no seu artigo 10.°, permitiu que os arguidos de certas infracções requeressem que a amnistia lhes não fosse aplicada.

de que a acção ou omissão é de molde a causar perturbação no exercício das funções ou de nele se repercutir, de forma incompatível com a dignidade que lhe é exigivel.

1. Sobre os casos em que é aplicável a pena de advertência, veja-se o artigo 91.°.

2. Sobre "concurso de infracções" veja-se o artigo 99.°.

ARTIGO 87.°
Pena de multa

A pena de multa é fixada em dias, no mínimo de cinco e no máximo de noventa.

1. A Lei n.° 143/99, de 31 de Agosto, alterou a Lei n.° 21/85, de 30 de Julho (Estatuto dos Magistrados Judiciais) que, entretanto já sofrera várias alterações, aumentando o prazo máximo da pena para 90 dias.

2. Sobre os casos em que é aplicável a pena de multa, veja-se o artigo 92.°.

3. Sobre os efeitos da aplicação dessa pena, veja-se o artigo 102.°.

4. No caso de "reincidência" o seu limite mínimo será igual a um terço do seu limite máximo – n.° 2, do artigo 98.°.

5. Sobre "concurso de infracções" veja-se o artigo 99.°.

6. Quanto à substituição da pena de multa aplicável a magistrados aposentados ou que por qualquer outra razão se encontrem fora da actividade, veja-se o artigo 100.°.

ARTIGO 88.°
Pena de transferência

A pena de transferência consiste na colocação do magistrado em cargo da mesma categoria fora a área de jurisdição do tribunal ou serviço em que anteriormente exercia funções,

1. Sobre os casos em que é aplicável a pena de transferência, veja-se o artigo 93.°.

2. Sobre os efeitos da aplicação dessa pena, veja-se o artigo 103.°.

3. No caso de "reincidência", pode ser aplicada a pena de escalão imediatamente superior – n.º 3, do artigo 98.º.

4. Sobre o "concurso de infracções" veja-se o artigo 99.º.

ARTIGO 89.º
Penas de suspensão de exercício e de inactividade

1. As penas de suspensão de exercício e de inactividade consistem no afastamento completo do serviço durante o período da pena.

2. A pena de suspensão pode ser de vinte a duzentos e quarenta dias.

3. A pena de inactividade não pode ser inferior a um ano nem superior a dois.

1. Sobre os casos em que são aplicáveis as penas de suspensão de exercício ou de inactividade, veja-se o artigo 94.º.

2. Sobre os efeitos da pena de suspensão de exercício, veja-se o artigo 104.º.

3. Sobre os efeitos da pena de inactividade, veja-se o artigo 105.º.

4. No caso de "reincidência" o seu limite mínimo será igual a um quarto do seu limite máximo – n.º 2, do artigo 98.º.

5. Sobre "concurso de infracções", veja-se o artigo 99.º.

6. Quanto a estas penas, quando aplicadas a magistrados aposentados ou que, por qualquer outra razão, se encontrem fora da actividade, veja-se o artigo 100.º.

ARTIGO 90.º
Penas de aposentação compulsiva e de demissão

1. A pena de aposentação compulsiva consiste na imposição da aposentação.

2. A pena de demissão consiste no afastamento definitivo do magistrado, com cessação de todos os vínculos com a função.

1. Sobre os casos em que são aplicáveis as penas de aposentação compulsiva e de demissão, veja – se o artigo 95.º.

2. Sobre os efeitos da pena de aposentação compulsiva, veja-se o artigo 106.º.

3. Sobre os efeitos da pena de demissão, veja-se o artigo 107.º.

4. Ao abandono do lugar corresponde sempre a pena de demissão – n.º 2, do artigo 95.º.

5. No caso de "reincidência" pode ser aplicada a pena de demissão – n.º 3, do artigo 98.º.

6. Sobre o "concurso de infracções" veja-se o artigo 99.º.

SUBSECÇÃO II
Aplicação das penas

ARTIGO 91.º
Pena de advertência

A pena de advertência é aplicável a faltas leves que não devam passar sem reparo.

1. A pena de advertência pode ser aplicada, independentemente de processo, desde que com audiência e possibilidade de defesa do arguido, e ser ou não sujeita a registo, devendo o inspector judicial enviar-lhe o seu relatório – artigo 85.º, n.ºs 4 e 5.

2. Não conta para os efeitos da "reincidência" – n.º 1, do artigo 98.º.

3. Sobre os casos em que é aplicável, veja-se o artigo 86.º.

ARTIGO 92.º
Pena de multa

A pena de multa é aplicável a casos de negligência ou desinteresse pelo cumprimento dos deveres do cargo.

1. A pena de multa é fixada entre cinco e noventa dias – artigo 87.º – sendo o seu limite mínimo elevado de um terço do seu limite máximo, em caso de reincidência.

2. Sobre os seus efeitos, veja-se o artigo 102.º.

3. Quanto aos magistrados aposentados ou que, por qualquer outra razão, se encontrem fora da actividade, a pena de multa é substituída pela perda de pensão ou vencimento de qualquer natureza pelo tempo correspondente – artigo 100.º.

ARTIGO 93.º
Pena de transferência

A pena de transferência é aplicável a infracções que impliquem a quebra do prestígio exigível ao magistrado para que possa manter-se no meio em que exerce funções.

1. Em que consiste: veja-se o artigo 88.º.
2. Sobre os seus efeitos, veja-se os artigos 88.º e 103.º.

ARTIGO 94.º
Penas de suspensão de exercício e inactividade

1. As penas de suspensão de exercício e de inactividade são aplicáveis nos casos de negligência grave ou de grave desinteresse pelo cumprimento dos deveres profissionais ou quando o magistrado for condenado em pena de prisão, salvo se a condenação aplicar pena de demissão.
2. O tempo de prisão cumprido é descontado na pena disciplinar.

1. Em que consiste: veja-se o artigo 89.º.
2. Sobre os efeitos da "pena de suspensão de exercício" vejam-se os artigos 85.º, n.º 2, e 104.º.
Sobre os efeitos da "pena de inactividade", vejam-se os artigos 85.º, n.º 2 e 105.º.

ARTIGO 95.º
Penas de aposentação compulsiva e de demissão

1. As penas de aposentação compulsiva e de demissão são aplicáveis quando o magistrado:
a) Revele definitiva incapacidade de adaptação às exigências da função;

b) Revele falta de honestidade ou tenha conduta imoral ou desonrosa;

c) Revele inaptidão profissional;

d) Tenha sido condenado por crime praticado com flagrante e grave abuso da função ou com manifesta e grave violação dos deveres a ela inerentes.

2. Ao abandono de lugar corresponde sempre a pena de demissão.

1. Em que consistem: veja-se o artigo 89.º.

2. Sobre os efeitos da "pena de aposentação compulsiva" vejam-se os artigos 85.º, n.º 2 e 106.º.

Sobre os efeitos da "pena de demissão" vejam-se os artigos, 85.º, n.º 2 e 107.º.

3. Sobre "abandono de lugar" vejam-se os artigos 125.º e 126.º.

ARTIGO 96.º
Medida da pena

Na determinação da medida da pena atende-se à gravidade do facto, à culpa do agente, à sua personalidade e às circunstâncias que deponham a seu favor ou contra ele.

1. Ver, sobre a "culpa do agente" a anotação ao artigo 82.º.

2. Sobre a "atenuação especial", veja-se o artigo seguinte.

ARTIGO 97.º
Atenuação especial da pena

A pena pode ser especialmente atenuada, aplicando-se pena de escalão inferior, quando existam circunstâncias anteriores ou posteriores à infracção, ou contemporâneas dela, que diminuam acentuadamente a gravidade do facto ou a culpa do agente

1. Sobre a "culpa do agente", veja-se a anotação ao artigo 82.º e o artigo anterior.

ARTIGO 98.º
Reincidência

1. Verifica-se a reincidência quando a infracção for cometida antes de decorridos três anos sobre a data em que o magistrado cometeu a infracção anterior, pela qual tenha sido condenado em pena superior à de advertência já cumprida total ou parcialmente, desde que as circunstâncias do caso revelem ausência de eficácia preventiva da condenação anterior [1].

2. Se a pena aplicável for qualquer das previstas nas alíneas *b)*, *d)* e *e)*, do artigo 85.º, em caso de reincidência o seu limite mínimo passa a ser igual a um terço, um quarto ou dois terços do limite máximo, respectivamente.

3. Tratando-se de pena diversa das referidas no número anterior pode ser aplicada pena de escalão imediatamente superior.

1. Norma paralela à da parte final do n.º 1, deste artigo é a do n.º 1, artigo 75.º, do Código Penal, onde se lê:

"... se, de acordo com as circunstâncias do caso, o agente for de censurar por a condenação ou condenações anteriores não lhe terem servido de suficiente advertência contra o crime".

2. As penas referidas no artigo 85.º, são, respectivamente, a da alínea *b)* multa; a da alínea *d)* – suspensão de exercício; a da alínea *e)* – inactividade, posto que são as únicas em que é considerado um montante ou um tempo de cumprimento.

3. Sobre a "escala das penas" veja-se o artigo 85.º.

ARTIGO 99.º
Consurso de infracções

1. Verifica-se concurso de infracções quando o magistrado comete duas ou mais infracções antes de se tornar inimpugnável a condenação por qualquer delas.

---

[1] "No nosso Direito, contam para a reincidência os crimes perdoados (indulto) e aqueles que se encontrem já prescritos, <u>mas não os amnistiados</u>" – Eduardo Correia, Direito Criminal, II, pág 182. V. nota ao artigo 85.º.

2. No concurso de infracções aplica-se uma única pena e, quando às infracções correspondam penas diferentes, aplica-se a de maior gravidade, agravada em função do concurso, se for variável.

1. A decisão torna-se inimpugnável quando esgotados ou não interpostos as reclamações ou recursos dela susceptíveis.

2. Sobre "Reclamações e recursos", respectivo prazo de interposição e seu processamento, vejam-se os artigos 164.º a 179.º.

3. Penas "variáveis" são as de multa (artigo 87.º), e as de suspensão de exercício e de inactividade (artigo 89.º).

ARTIGO 100.º
Substituição das penas aplicadas a aposentados

Para os magistrados aposentados ou que, por qualquer outra razão, se encontrem fora da actividade, as penas de multa, suspensão de exercício ou inactividade são substituídas pela perda de pensão ou vencimento de qualquer natureza pelo tempo correspondente.

1. Sobre a "aposentação", vejam-se os artigos 64.º a 68.º.

Sobre a "cessação e suspensão de funções", vejam-se os artigos 70.º e 71.º.

Sobre a "pena de multa", veja-se a anotação ao artigo 87.º.

Quanto à "pena de suspensão de exercício e inactividade" veja-se a anotação ao artigo 89.º.

SUBSECÇÃO III
Efeitos das penas

ARTIGO 101.º
Efeitos das penas

As penas disciplinares produzem, para além dos que lhe são próprios, os efeitos referidos nos artigos seguintes.

1. Entre os efeitos das penas é o seu registo no processo individual do magistrado, salvo a pena de advertência que pode ou não ser registada – artigo 85.º, n.ºs 2 e 4.

V. anotação a esse artigo.

ARTIGO 102.º
Pena de multa

A pena de multa implica o desconto, no vencimento do magistrado, da importância correspondente ao número de dias aplicado.

1. Sobre esta pena, veja-se o artigo 87.º, que fixa os seus máximos e mínimos e ainda os artigos 98.º (Reincidência) e 99.º (Concurso de infracções).

2. Em caso de "exoneração" o magistrado cumpre a pena se voltar à actividade – n.º 2, do artigo 84.º.

3. Sobre a aplicação a magistrados aposentados ou que, por qualquer outra razão, se encontrem fora da actividade, a pena de multa é substituída pela perda de pensão ou vencimento de qualquer natureza pelo tempo correspondente – artigo 100.º.

ARTIGO 103.º
Pena de transferência

A pena de transferência implica a perda de sessenta dias de antiguidade.

1. Sobre esta pena, veja-se o artigo 88.º.
2. Sobre os casos em que é aplicada, veja-se o artigo 93.º.
3. Sobre "antiguidade" vejam-se os artigos 72.º a 79.º.

ARTIGO 104.º
Pena de suspensão de exercício

1. A pena de suspensão de exercício implica a perda do tempo correspondente à sua duração para efeitos de remuneração, antiguidade e aposentação.

2. Se a pena de suspensão for igual ou inferior a cento e vinte dias, implica, ainda, além dos efeitos previstos no número anterior, o previsto na alínea *b*) do n.º 3, quando o magistrado não possa manter-se no meio em que exerce funções sem quebra do prestígio que lhe é exigível, o que constará da decisão disciplinar.

3. Se a suspensão aplicada for superior a cento e vinte dias, pode implicar ainda, além dos efeitos previstos no n.º 1:

a) A impossibilidade de promoção ou acesso durante um ano, contado do termo do cumprimento da pena;

b) A transferência para cargo idêntico em tribunal ou serviço diferente daquele em que o magistrado exercia funções na data da prática da infracção.

4. A aplicação da pena de suspensão não prejudica o direito do magistrado à assistência a que tinha direito e à percepção do abono de família e prestações complementares.

1. Sobre esta pena, veja-se o artigo 89.º.

2. Sobre os casos em que é aplicável, veja-se o artigo 94.º.

3. Sobre a "antiguidade", vejam-se os artigos 72.º a 79.º.

4. Sobre "remunerações", vejam-se os artigos 22.º e 23.º.

As "prestações complementares" a que se refere o n.º 4, deste artigo são, designadamente, as referidas nos artigos 23.º e 23.º-A.

5. Sobre "promoção" e "acesso", vejam-se os artigos 43.º, 50.º, 46.º, 108.º.

6. Quando o magistrado punido não possa manter-se no meio em que exerce funções sem quebra do prestígio que lhe é exigível, ainda que a pena seja igual ou inferior a 120 dias, implica, cumulativamente, a sua transferência para cargo idêntico em tribunal ou serviço diferente daquele em que exerça funções na data da prática da infracção – n.ºs 2 e 3, alínea *b*), deste artigo.

ARTIGO 105.º
Pena de inactividade

1. A pena de inactividade produz os efeitos referidos nos números 1 e 3 do artigo anterior, sendo elevado para dois anos o período de impossibilidade de acesso ou promoção.

2. É aplicável à pena de inactividade o disposto no número 4, do artigo anterior.

1. O artigo 89.º, n.º 3, estabelece que a pena de inactividade não pode ser inferior a um ano nem superior a dois.

2. Nos termos do n.º 1, do artigo anterior a aplicação dessa pena implica a perda do tempo correspondente à sua duração para efeitos de remuneração, antiguidade e aposentação.

Pode implicar, ainda, a impossibilidade de promoção ou acesso, contado do termo do cumprimento da pena, pelo período de dois anos, bem como a transferência para cargo idêntico em tribunal ou serviço diferente daquele em que o magistrado exercia funções na data da prática da infracção – n.º 1, deste artigo e n.º 3, do artigo anterior.

3. Sobre os casos em que é aplicável, veja-se o artigo 94.º.

4. Não prejudica, todavia, o direito do magistrado à assistência a que tenha direito e à percepção do abono de família e prestações complementares – n.º 2, deste artigo e n.º 4, do artigo anterior.

5. Veja-se, ainda, o comentário ao artigo anterior.

ARTIGO 106.º
Pena de aposentação compulsiva

A pena de aposentação compulsiva implica a imediata desligação do serviço e a perda dos direitos e regalias conferidos por este Estatuto, sem prejuízo do direito à pensão fixada na lei.

1. Sobre esta pena, veja-se o artigo 90.º, n.º 1.

2. Sobre os casos em ela é aplicável, veja-se o artigo 95.º.

3. Sobre a pensão de aposentação, veja-se a anotação ao artigo 64.º.

ARTIGO 107.º
Pena de demissão

1. A pena de demissão implica a perda do estatuto de magistrado e dos correspondentes direitos.

2. A mesma pena não implica a perda do direito à aposentação, nos termos e nas condições estabelecidas na lei, nem impossibilita o magistrado de ser nomeado para cargos públicos ou outros que possam ser exercidos sem que o titular reúna particulares condições de dignidade e confiança exigidas pelo cargo de que foi demitido.

1. Sobre a pena de demissão, veja-se o artigo 90.º, n.º 2.

2. Sobre os casos em que ela é aplicável, veja-se o artigo 95.°.

3 A demissão não implica a perda do direito à aposentação (veja-se sobre a aposentação, os artigos 64.° a 68.°, nomeadamente a anotação ao primeiro.

4. É difícil encontrar "cargos públicos ou outros" que possam ser exercidos "sem que o seu titular reúna as prticulares condições de dignidade e confiança exigidas" para o cargo de magistrado judicial.

Quanto aos cargos "não públicos" é irrelevante a disposição, posto que este Estatuto não é vinculativo para actividades de sectores "não--públicos".

Quanto aos cargos públicos, sendo-lhes aplicável, no que respeita a deveres, o regime da função pública não lhe será aplicada a proibição, específica, de actividade política – artigo 11.° – ou o dever, específico, de reserva estabelecido para a profissão de magistrado judicial – artigo 12.°.

Quanto à "dignidade" e "confiança" (na imprecisão dos termos) que lhes são exigidos, são elas igualmente exigíveis para o desempenho de qualquer "cargo público", como decorre dos artigos 266.° e 269.°, da Constituição da República Portuguesa e do Decreto-Lei n.° 24/84, de 16 de Janeiro (Estatuto Disciplinar dos Funcionários e Agentes da Administração Central, Regional e Local).

Em conclusão, a parte final do n.° 2, deste artigo não tem qualquer significado.

ARTIGO 108.°
Promoção de magistrados arguidos

1. Durante a pendência de processo criminal ou disciplinar o magistrado é graduado para promoção ou acesso, mas estes suspendem-se quanto a ele, reservando-se a respectiva vaga até decisão final.

2. Se o processo for arquivado, a decisão condenatória revogada ou aplicada uma pena que não prejudique a promocão ou o acesso, o magistrado é promovido e nomeado e vai ocupar o seu lugar na lista de antiguidade, com direito a receber as diferenças de remuneração.

3. Se o magistrado houver de ser preterido, completa-se o movimento em relação à vaga que lhe ficar reservada.

1. Sobre "promoção" vejam-se, nomeadamente, o artigo 46.° e sobre "acesso" o artigo 50.°.

2. Impedem a "promoção" ou "acesso" a aplicação da pena de suspensão de exercício (no caso do n.° 3, alínea *a*), do artigo 104.°), e da pena de inactividade (artigo 105.°, n.° 1), além da hipótese contemplada no artigo em anotação.

ARTIGO 109.°
Prescrição das penas

As penas disciplinares prescrevem nos prazos seguintes, contados da data em que a decisão se tornou inimpugnável.

a) Seis meses, para as penas de suspensão de exercício e de inactividade;

b) Um ano, para a pena de transferência;

c) Três anos, para as penas de suspensão de exercício e de inactividade;

d) Cinco anos, para as penas de aposentação compulsiva e de demissão.

1. Bem mais correcta é a redacção do n.° 2, do artigo 122.°, do Código Penal: "O prazo de prescrição começa a correr no dia em que transitar em julgado a decisão que tiver aplicado a pena".

2. A decisão, tornar-se-á inimpugnável (o que corresponde ao conceito jurídico de "transitada em julgado"), quando não for susceptível de "reclamação" ou "recurso". Sobre "Reclamações" e "Recursos", vejam-se os artigos 164.° a 179.°.

3. Não fala o Estatuto da "prescrição do procedimento disciplinar". Por força do artigo 131.°, é-lhe subsidiariamente aplicável, em matéria disciplinar, o Estatuto Disciplinar dos Funcionários e Agentes da Administração Central, Regional e Local (Decreto Lei n.° 191-D/79, de 25 de Junho) cujo artigo 4.°, dispõe (hoje Decreto-Lei n.° 24/84, de 16 de Janeiro):

"1. O direito de instaurar procedimento disciplinar prescreve passados três anos sobre a data em que a falta tiver sido cometida.

"2 Prescreverá igualmente se, conhecida a falta, não for instaurado o competente procedimento disciplinar no prazo de três meses.

"3. Se o facto qualificado de infracção disciplinar for também considerado infracção penal e os prazos de prescrição do procedimento criminal forem superiores a três anos, aplicar-se-ão ao procedimento disciplinar os prazos estabelecidos no Código Penal.

"4. Se antes do decurso do prazo referido no número 1, alguns actos instrutórios, com efectiva incidência na marcha do processo, tiveram lugar a respeito da infracção, a prescrição conta-se desde o dia em que tiver sido praticado o último acto".

Por seu lado, o Código Penal, para que remete o n.° 3, deste artigo, e igualmente, direito subsidiário deste Estatuto dos Magistrados Judiciais (artigo 131.°), prevê os "prazos de prescrição do procedimento criminal" no seu artigo 118.°.

SECÇÃO III
Processo disciplinar

SUBSECÇÃO I
Normas processuais

ARTIGO 110.°
Processo disciplinar

1. O processo disciplinar é o meio de efectivar a responsabilidade disciplinar.
2. Sem prejuízo do disposto no n.° 4, do artigo 85.°, o processo disciplinar é sempre escrito e não depende de formalidades, salvo a audiência, com possibilidade de defesa do arguido.

1. O n.° 2, deste artigo permite uma ampla possibilidade de contraditório.
2. O n.° 4, do artigo 85.° contempla a hipótese de o arguido estar sujeito à pena de advertência.

Não faz sentido a ressalva da primeira parte do n.° 2, deste artigo: toda a actividade que culminará na aplicação da pena de advertência é necessariamente reduzida a escrito. Nos termos do n.° 5, do mesmo artigo (que deve ter sido esquecido na alteração agora introduzida à Lei n.° 21/85, de 30 de Julho – Estatuto dos Magistrados Judiciais), há lugar a, pelo menos, relatório do inspector judicial e defesa, obviamente escrita, do arguido.

Para além de, necessariamente, para chegar ao relatório, o inspector haja de ter feito diligências, igualmente escritas e sindicáveis.

Por outro lado, como saber antecipadamente se ao comportamento do arguido virá ou não a caber outra espécie de pena?

Que é tudo isto senão um "processo disciplinar"?

3. Sobre "Inspecções" vejam-se os artigos 160.º a 162.º.

ARTIGO 111.º
Competência para instauração do processo

Compete ao Conselho Superior da Magistratura a instauração de procedimento disciplinar contra magistrados judiciais.

1. Sobre as competências do Conselho Superior da Magistratura, veja-se o artigo 149.º e respectivas anotações.

ARTIGO 112.º
Impedimento e suspeições

É aplicável ao processo disciplinar, com as necessárias adaptações, o regime de impedimentos e suspeições em processo penal.

1. Dos "impedimentos, recusas e escusas" em processo penal, se ocupam os artigos 39.º a 47.º, do Código de Processo Penal, aprovado pelo Decreto-Lei n.º 78/87, de 17 de Fevereiro, com as alterações introduzidas pelas Leis n.º 59/98, de 25 de Agosto e 3/99, de 13 de Janeiro.

ARTIGO 113.º
Natureza confidencial do processo

1. O processo disciplinar é de natureza confidencial até decisão final, devendo ficar arquivado no Conselho Superior da Magistratura.

2. É permitida a passagem de certidões de peças do processo sempre que o arguido o solicite em requerimento fundamentado, quando destinado à defesa de interesses legítimos.

1. Sem conhecer a identidade das testemunhas inquiridas e o teor dos seus depoimentos, torna-se impossível, ao arguido, suscitar, quanto a elas e a estes, como impõem os princípios consagrados processualmente (na trave mestra do direito processual que é o Código de Processo Civil) de-

signadamente do contraditório, da cooperação e da boa fé, e da igualdade [1], impedimentos (artigo 617.º), impugnação (artigos 636.º e 637.º), contradita (artigos 640.º e 641.º) acareação (artigo 642.º) – todos estes artigos do referido Código, incluindo a apreciação da legalidade das formas processuais (o que não é postergado pela regra do n.º 2, do artigo 110.º, sobre a não dependência de "formalidades especiais"): necessariamente que sempre devem ser respeitadas certas regras, pelo menos, as elemen-ares.

Até decisão final fica, assim, o arguido, amplamente desprotegido [2].

ARTIGO 114.º
Prazo de instrução

1. A instrução do processo disciplinar deve ultimar-se no prazo de trinta dias.

2. O prazo referido no número anterior só pode ser excedido em caso justificado.

3. O instrutor deve dar conhecimento ao Conselho Superior da Magistratura e ao arguido da data em que iniciar a instrução do processo.

ARTIGO 115.º
Número de testemunhas na fase de instrução

1. Na fase de instrução não há limite para o número de testemunhas.

2. O instrutor pode indeferir o pedido de audição de testemunhas ou declarantes quando considerar suficiente a prova produzida.

---

[1] Sobre os princípios fundamentais do processo civil (padrão base de todo o procedimento processual, ainda que administrativo), veja-se, Manuel de Andrade, *Noções Fundamentais de Processo Civil, 1979 Apêndice* e António Abrantes Geraldes, *Temas da Reforma do Processo Civil*, págs. 64 e seguinies.

[2] A "Inquisição" foi abolida, em Portugal, por Decreto da Regência, de 5-IV-1821, em harmonia com a Resolução das Côrtes Constituintes, de 31-III, do mesmo ano.

Pode ler-se, como curiosidade, o Manual dos Inquisidores, de Frei Nicolau Emérico, com comentários de Manuel João Gomes, Luso Soares, D. António Ferreira Gomes, Bispo do Porto, Salgado Zenha e Padre José da Felicidade Alves, (Edições Afrodite, Maio de 1972).

1. A recusa de diligência requerida pelo arguido deve ser, sempre, claramente fundamentada e dela, obviamente, ser dado conhecimento ao arguido que a pode impugnar, designadamente perante o próprio instrutor ou em fase de recurso.

Veja-se, também, o artigo 124.° e, sobre "reclamações" os artigos 164.° a 167.°-A.

2. E quanto à recusa de outras diligências que o arguido entenda de seu interesse requerer?

O regime deve ser idêntico.

ARTIGO 116.°
Suspensão preventiva do arguido

1. O magistrado arguido em processo disciplinar pode ser preventivamente suspenso das funções, sob proposta do instrutor, desde que haja fortes indícios de que à infracção caberá, pelo menos, a pena de transferência e a continuação na efectividade de serviço seja prejudicial à instrução do processo, ou ao serviço, ou ao prestígio e dignidade da função.

2. A suspensão preventiva é executada por forma a assegurar--se o resguardo da dignidade pessoal e profissional do magistrado.

3. A suspensão preventiva não pode exceder cento e oitenta dias, excepcionalmente prorrogáveis por mais noventa dias, e não tem os efeitos consignados no artigo 104.°.

1. Tenha-se em consideração que a instrução do processo disciplinar deve, como regra, ser concluída em trinta dias só excepcionalmente podendo ser excedido (embora não se diga, por que prazo mais) – artigo 114.°.

2. Cabe ao Conselho Superior da Magistratura, sob proposta do instrutor do processo, determinar a "suspensão preventiva" do magistrado, competência prevista no artigo 149.°, alínea *a*).

3. O magistrado arguido suspende as respectivas funções no dia em que lhe for notificada a sua suspensão preventiva – artigo 71.°, alínea *b*).

4. O artigo 85.°, alínea *d*), refere-se à "suspensão de exercício" (não preventiva) como pena disciplinar e o artigo 104.° aos efeitos dessa suspensão.

5. A Lei n.° 143/99, de 31 de Agosto, que alterou o Estatuto dos

Magistrados Judiciais, aprovado pela Lei n.º 21/85, de 30 de Julho, que entretanto sofrerá já várias alterações, apenas aumentou o prazo de suspensão.

ARTIGO 117.º
Acusação

1. Concluída a instrução e junto o registo disciplinar do arguido, o instrutor deduz acusação no prazo de dez dias, articulando discriminadamente os factos constitutivos da infracção disciplinar e os que integrem circunstâncias agravantes ou atenuantes, que repute indiciados, indicando os preceitos legais no caso aplicáveis.

2. Se não se indiciarem suficientemente factos constitutivos da infracção ou da responsabilidade do arguido, ou o procedimento disciplinar se encontrar extinto, o instrutor elabora em dez dias o seu relatório, seguindo-se os demais termos aplicaveis.

1. Sobre a "atenuação especial da pena", veja-se o artigo 97.º.

2. Sobre a "extinção do procedimento disciplinar", veja-se a anotação ao artigo 109.º.

3. A responsabilidade do arguido, exige, da sua parte, um comportamento doloso ou culposo – veja-se anotação ao artigo 82.º.

4. Sobre "infracções disciplinares", vejam-se os artigos 81.º e 82.º.

5. Sobre "os demais termos aplicáveis" a que se refere o n.º 2, do artigo em comentário (quando os indícios da infracção ou da responsabilidade do arguido, forem insuficientes ou estiver extinto o procedimento disciplinar), serão a sujeição do relatório ao Conselho Superior da Magistratura que tomará a decisão sobre o seu arquivamento.

Nos casos restantes casos, o processo segue os termos dos artigos seguintes.

ARTIGO 118.º
Notificação do arguido

1. É entregue ao arguido ou remetida pelo correio, sob registo, com aviso de recepção, cópia da acusação, fixando-se um prazo entre dez e trinta dias para apresentação da defesa.

2. Se não for conhecido o paradeiro do arguido, procede-se à sua notificação edital.

1. A notificação é sempre "pessoal" como decorre do n.º 1, deste artigo. Quando tenha de ser efectuada "notificação edital", aplicar-se-ão as regras relativas à citação, no caso, as da citação edital por incerteza do lugar onde o notificando esteja, com a tramitação prevista nos artigos 248.º e seguintes (art. 256.º) do Código de Processo Civil.

2. É aplicável à contagem dos prazos, o disposto no artigo 144.º, do Código de Processo Civil, sobre a "regra da continuidade dos prazos". E, ainda, o disposto nos artigos 296.º e 279.º (por força daquele), do Código Civil[1].

ARTIGO 119.º
Nomeação de defensor

1. Se o arguido estiver impossibilitado de elaborar a defesa, por motivo de ausência, doença, anomalia mental ou incapacidade física, o Conselho Superior da Magistratura nomeia-lhe defensor.
2. Quando o defensor for nomeado em data posterior à da notificação a que se refere o artigo anterior, reabre-se o prazo para a defesa com a sua notificação.

1. Nada diz o preceito sobre a qualificação do "defensor" a nomear. Parece-nos óbvio que terá de ser pessoa especialmente qualificada.

Cremos que nessa nomeação se deverá atender, por analogia, ou ao artigo 43.º, do Código de Processo Civil, ou ao artigo 62.º, do Código de Processo Penal, tendo, nomeadamente, em consideração o disposto nos artigos 42.º e 43.º, do Decreto-Lei n.º 387-E/87, de 29 de Dezembro (diploma que regula o "Acesso ao direito e aos tribunais"), devendo recair, em princípio, em pessoa habilitada a exercer o patrocínio judiciário.

Parece-nos, em qualquer caso, que se deverá atender, "prima facies" à representação legal do ausente ou incapacitado (artigos 10.º a 17.º, do Código de Processo Civil e às disposições das secções IV e V, do Título II, do Livro I, do Código Civil), cabendo a estes, e antes da nomeação "oficiosa" pelo instrutor, a constituição do "defensor".

---
[1] Álvaro Lopes-Cardoso, *Citações e Notificações em Processo Civil e do Trabalho. Seu Regime*, Almedina 2.ª edição, 1997.

ARTIGO 120.º
Exame do processo

Durante o prazo para a apresentação da defesa, o arguido, o defensor nomeado ou o mandatário constituído podem examinar o processo no local onde este se encontra depositado.

1. O que se dispõe neste artigo afigura-se-nos não invalidar o que se escreveu em anotação ao artigo 113.º.

ARTIGO 121.º
Defesa do arguido

1. Com a defesa, o arguido pode indicar testemunhas, juntar documentos ou requerer diligências.
2. Não podem ser oferecidas mais de três testemunhas a cada facto.

1. Não cabe aqui a faculdade de "rejeição" a que se refere o n.º 2, do artigo 115.º.

ARTIGO 122.º
Relatório

Terminada a produção da prova, o instrutor elabora, no prazo de quinze dias, um relatório, do qual devem constar os factos cuja existência considere provada, a sua qualificação e a pena aplicável.

1. A "qualificação" dos factos faz-se com referência às disposições legais que indicam as diferentes espécies de infracções disciplinares, aplicáveis de harmonia com os comportamentos descritos nos artigos 85.º a 90.º, com a consequente graduação de penas, de harmonia com o disposto nos artigos 91.º a 100.º.

ARTIGO 123.º
Notificação da decisão

A decisão final, acompanhada de cópia do relatório a que se refere o artigo anterior, é notificada ao arguido com observância do disposto no artigo 118.º.

1. O artigo 118.º, refere-se às formalidades da notificação da acusação ao arguido.
Veja-se a anotação feita a este artigo.

ARTIGO 123.º-A
Início da produção de efeitos das penas

A decisão que aplique a pena não carece de publicação, começando a pena a produzir os seus efeitos no dia seguinte ao da notificação ao arguido, nos termos do n.º 1, do artigo 118.º, ou quinze dias após a afixação do edital a que se refere o n.º 2 do mesmo artigo.

1. Este artigo foi aditado pela Lei n.º 143/99, de 31 de Agosto, que alterou o Estatuto dos Magistrados Judiciais, aprovado pela Lei n.º 21/85, de 30 de Julho, (aliás sucessivamente alterada).

2. O n.º 1, do artigo 118.º refere-se à notificação da acusação, e o n.º 2, à sua notificação edital. Veja-se a anotação a este artigo.

3. A publicação das deliberações só tinha lugar em caso de aplicação de pena disciplinar de aposentação compulsiva ou de demissão.

ARTIGO 124.º
Nulidades e irregularidades

1. Constitui nulidade insuprível a falta de audiência do arguido com possibilidade de defesa e a omissão de diligências essenciais para a descoberta da verdade que ainda possam utilmente realizar-se.
2. As restantes nulidades e irregularidades consideram-se sanadas se não forem arguidas na defesa ou, a ocorrerem posteriormente, no prazo de cinco dias contados da data do seu conhecimento.

1. A expressão "audiência do arguido com possibilidade de defesa" é obscura.
Qual a hipótese em que o arguido não tem a possibilidade de defesa?
Creio que melhor teria ficado (e nesse sentido interpreto a expressão) que existe nulidade no caso de ao arguido serem recusados meios legais de defesa cuja realização tenha requerido.

2. Aliás, a isso também nos leva a redacção do n.º 4, do artigo 85.º.

3. Sobre a contagem dos prazos, veja-se a anotação ao artigo 118.º.

SUBSECÇÃO II
Abandono de lugar

ARTIGO 125.º
Auto por abandono de lugar

Quando um magistrado deixe de comparecer ao serviço durante dez dias, manifestando expressamente a intenção de abandonar o lugar, ou faltar injustificadamente durante trinta dias úteis seguidos é levantado auto por abandono de lugar.

1. Os "dez dias" referidos na primeira parte deste artigo, parece que deverão ser igualmente, "dias úteis seguidos".
2. A falta injustificada durante trinta dias úteis seguidos, constitui, nos termos do artigo seguinte, presunção da intenção de abandonar o lugar.

ARTIGO 126.º
Presunção da intenção de abandono

1. A ausência injustificada do lugar durante trinta dias úteis seguidos constitui presunção de abandono.
2. A presunção referida no número anterior pode ser ilidida em processo disciplinar por qualquer meio de prova.

1. Ao abandono de lugar corresponde sempre a pena de demissão – n.º 2, do artigo 95.º.

SECÇÃO IV
Revisão de decisões dissiplinares

ARTIGO 127.º
Revisão

1. As decisões condenatórias proferidas em processo disciplinar podem ser revistas a todo o tempo quando se verifiquem circunstâncias ou meios de prova susceptíveis de demonstrar a inexistência

dos factos que determinaram a punição e que não puderam ser oportunamente utilizados pelo arguido.

2. A revisão não pode, em caso algum, determinar o agravamento da pena.

1. Considerando que na aplicação da pena disciplinar, se deve ter em consideração não só os elementos objectivos da eventual infracção, mas também o elemento subjectivo da intenção dolosa ou a culpa do agente (cfr. anotação ao artigo 82.º), "as circunstâncias ou meios de prova" a que se refere este artigo, podem respeitar não só à existência da infracção como à sua imputabilidade a título de dolo ou de culpa.

ARTIGO 128.º
Processo

1. A revisão é requerida pelo interessado ao Conselho Superior da Magistratura.

2. O requerimento, processado por apenso ao processo disciplinar, deve conter os fundamentos do pedido e a indicação dos meios de prova a produzir e ser instruído com os documentos que o interessado tenha podido obter.

1. Atente-se em que este artigo se refere ao "interessado" que pode não ser exactamente o magistrado punido.

Por exemplo, o seu cônjuge, no caso do falecimento do magistrado, e que pode ser "interessado" na medida em que, por hipótese, uma pena como a de demissão, com os seus reflexos patrimoniais, vem a atingir aquele, como sobrevivente.

Veja-se o que dispõe sobre reflexos patrimoniais, o n.º 2, do artigo 130.º.

ARTIGO 129.º
Sequência do processo de revisão

1. Recebido o requerimento, o Conselho Superior da Magistratura decide, no prazo de trinta dias, se se verificam os pressupostos da revisão.

2. Se decidir pela revisão, é nomeado novo instrutor para o processo.

1. O procedimento a seguir será, com as adaptações necessárias, o dos artigos 81.º a 84.º e 122.º e 123.º, tendo-se em consideração que, em caso algum, a revisão pode determinar o agravamento da pena (n.º 2, do artigo 127.º) embora a possa atenuar, como decorre do n.º 2, do artigo 127.º.

ARTIGO 130.º
Procedencia da revisão

1. Se o pedido de revisão for julgado procedente, revogar-se-á ou alterar-se-á a decisão proferida no processo revisto.
2. Sem prejuízo de outros legalmente previstos, o interessado será indemnizado pelas remunerações que tenha deixado de receber em razão da decisão revista.

1. O termo "remunerações" aqui utilizado é num sentido amplo, abrangendo quer a remuneração base quer os suplementos – artigos 22.º a 25.º.
2. Se a decisão disciplinar for revogada, cancela-se o registo da pena no registo disciplinar do interessado, efectuado nos termos do artigo 85.º, n.ºs 2 e 4.
Se for alterada a pena, igualmente tal facto há-de ser averbado no mesmo registo disciplinar (salvo se a pena for substituída por advertência, uma vez que esta pode ou não averbada nesse registo – n.º 4, do mesmo artigo).
V. anotação a este artigo.

SECÇÃO V
Direito subsidiário

ARTIGO 131.º
Direito subsidiário

São aplicáveis subsidiariamente em matéria disciplinar as normas do Estatuto Disciplinar dos Funcionários e Agentes da Administração Central, Regional e Local, do Código Penal, bem como do Processo Penal e diplomas complementares.

1. O Decreto-Lei n.º 24/84, de 16 de Janeiro, aprovou o Estatuto Disciplinar dos Funcionários Agentes da Administração Central, Regional e Local.

2. O Estatuto do Pessoal Dirigente dos Serviços e Organismos da Administração Central e Local do Estado e da Administração Regional, bem como, com as necessárias adaptações, os Institutos Públicos que revistam a natureza de Serviços Personalizados ou de Fundos Públicos, foi aprovado pela Lei n.º 49/99, de 22 de Junho, com a rectificação n.º 13/99, (DR n.º 195, 1.ª série, de 21 de Agosto).

CAPÍTULO IX
Inquéritos e sindicâncias

ARTIGO 132.º
Inquéritos e sindicâncias

1. Os inquéritos têm por finalidade a averiguação de factos determinados.

2. As sindicancias têm lugar quando haja notícia de factos que exijam uma averiguação geral de funcionamento dos serviços.

ARTIGO 133.º
Instrução

São aplicáveis à instrução dos processos de inquérito e sindicâncias, com as necessárias adaptações, as disposições relativas a processos disciplinares.

1. Sobre a tramitação do "processo disciplinar", vejam-se os artigos 110.º a 124.º.

ARTIGO 134.º
Relatório

Terminada a instrução, o inquiridor ou sindicante elabora relatório, propondo o arquivamento ou a instrução de procedimento, conforme os casos.

1. Caberá ao Conselho Superior da Magistratura determinar o arquivamento ou a instauração de processo disciplinar.

2. Veja-se o artigo seguinte.

3. Repetidas vezes o diploma se refere, indistintamente, a "procedimento disciplinar" ou "processo disciplinar", no mesmo contexto.
Todavia, são realidades diferentes.
Desde a sua "extinção" (v. anotação ao 117.°) até à sua transformação em "processo disciplinar", o procedimento disciplinar não se contunde com o processo disciplinar.

ARTIGO 135.°
Conversão em processo disciplinar

1. Se se apurar a existência de infracção, o (Conselho Superior da Magistratura pode deliberar que o processo de inquérito ou de sindicancia em que o arguido tenha sido ouvido constitua a parte instrutória do processo disciplinar.

2. No caso previsto no número anterior a notificação do arguido da deliberação do Conselho Superior da Magistratura fica o início do procedimento disciplinar.

1. Sobre a "parte instrutória" do processo disciplinar, vejam-se os artigos 110.° a 128.°.

2. O conhecimento a dar, pelo instrutor, ao arguido, da data de início do processo disciplinar, a que se refere o artigo 114.°, é substituída pela notificação ao arguido da deliberação do Conselho Superior da Magistratura pela qual o processo de inquérito ou de sindicância se transformou em processo disciplinar e fixa o seu início. Isto no caso de aquele Conselho apenas tiver determinado a sua abertura.
O que tem importância, designadamente, quanto à extinção do procedimento disciplinar.
Se deliberar que o inquérito ou a sindicância em que o arguido tenha sido ouvido constitua a parte instrutória do processo disciplinar, é evidente que a referida notificação não fixa "o início do processo disciplinar". Nesse caso a tramitação do processo disciplinar iniciar-se-á pela acusação (artigo 117.°) aplicando-se este e os artigos seguintes.

3. Parece que o aproveitamento do processo de inquérito ou de sindicância só poderá constituir a "parte instrutória do processo disciplinar"

quando, não só o arguido tenha sido ouvido mas ainda quando, nessa fase, se tenha podido defender (cfr. com o n.º 2, do artigo 115.º e respectiva anotação).

CAPÍTULO X
Conselho Superior da Magistratura

SECÇÃO I
Estrutura e organização do Conselho Superior da Magistratura

ARTIGO 136.º
Definição

O Conselho Superior da Magistratura é o órgão superior de gestão e disciplina da magistratura judicial.

ARTIGO 137.º
Composição

1. O Conselho Superior da Magistratura é presidido pelo Presidente do Supremo Tribunal de Justiça e composto ainda pelos seguintes vogais:
   a) Dois designados pelo Presidente da República;
   b) Sete eleitos pela Assembleia da República;
   c) Sete eleitos de entre e por magistrados judiciais.
2. O cargo de vogal do Conselho Superior da Magistratura não pode ser recusado por magistrados judiciais.

1. O Presidente do Supremo Tribunal de Justiça é eleito, por escrutínio secreto, e de entre si, pelos Juízes que compõem o quadro do Supremo Tribunal de Justiça – artigo 40.º, da Lei de Organização e Funcionamento dos Tribunais Judiciais (Lei n.º 3/99, de 13 de Janeiro).

Esse quadro foi fixado pelo Decreto-Lei n.º 186-A/99, de 31 de Maio, e consta do mapa IV, anexo a este diploma, segundo dispõe o seu artigo 3.º.

2. O artigo 218.º, da Constituição da República Portuguesa, dispõe:

"1. O Conselho Superior da Magistratura é presidido pelo Presidente da Supremo Tribunal de Justiça e composto pelos seguintes vogais.

a) Dois designados pelo Presidente da República;
b) Sete eleitos pela Assembleia da República;
c) Sete juízes eleitos pelos seus pares, de harmonia com o princípio de representação proporcional.

"2. As regras sobre garantias dos juízes são aplicáveis a todos os vogais do Conselho Superior da Magistratura.

"3. A lei poderá prever que do Conselho Superior da Magistratura façam parte funcionários de justiça, eleitos pelos seus pares, com intervenção restrita à discussão e votação das matérias relativas à apreciação do mérito profissional e ao exercício da função disciplinar sobre os funcionários de justiça"[1].

3. A alínea *n*), do artigo 133.º, do mesmo diploma, atribui ao Presidente da República a competência para "nomear... dois vogais do Conselho Superior da Magistratura".

4. A alínea *i*), do artigo 163.º do mesmo diploma, atribui à Assembleia da República a competência para "eleger, por maioria de dois terços dos deputados presentes, desde que superior à maioria absoluta dos deputados em exercício de funções... sete vogais do Conselho Superior da Magistratura".

5. Na redacção anterior, da alínea *a*), um dos dois vogais designados pelo Presidente da República era, obrigatoriamente, um magistrado judicial.

Uma vez mais, o legislador actual entendeu sacrificar a independência (ou pelo menos a autonomia) dos Tribunais, como órgãos de soberania, ao retirar ao Órgão Superior de Gestão e Disciplina da magistratura judicial (artigo 136.º) a já ínfima composição maioritária por magistrados judiciais, invertendo a situação: agora, a maioria do mesmo Conselho passou a ser atribuída a membros estranhos à magistratura judicial.

---

[1] Hoje compete ao Conselho dos Oficiais de Justiça a instauração (e decisão) de processo disciplinar contra oficiais de justiça de nomeação definitiva, sendo ele "o órgão que... exerce o poder disciplinar sobre esse funcionários" – Decreto-Lei n.º 342/99, de 26 de Agosto, artigo 94.º e 98.º.

ARTIGO 138.º
Vice-Presidente e Secretário

1. O Vice-Presidente do Conselho Superior da Magistratura é o Juiz do Supremo Tribunal de Justiça a que se refere o n.º 2, do artigo 141.º, exercendo o cargo a tempo inteiro.
2. O Conselho Superior da Magistratura tem um secretário, que designa de entre Juízes de Direito.
3. O secretário aufere o vencimento correspondente a juiz de círculo.

1. O Juiz do Supremo Tribunal de Justiça a que se refere o n.º 1, deste artigo, é o eleito, segundo o processo regulado nos artigos 140.º e seguintes.

ARTIGO 139.º
Forma de designação

1. Os vogais referidos na alínea *b*), do artigo 137.º, são designados nos termos da Constituição da República e do Regimento da Assembleia da República.
2. Os vogais referidos na alínea *c*),do n.º 1, do artigo 137.º, são eleitos por sufrágio directo e universal, segundo o princípio da representação proporcional e o método é a média mais alta, com obediência as seguintes regras:

a) Apura-se em separado o número de votos obtidos por cada lista;

b) O número de votos de cada lista é dividido sucessivamente, por 1, 2, 3, 4, 5, etc., sendo os quocientes considerados com parte decimal, alinhados por ordem decrescente da sua grandeza numa série de tantos termos quantos os mandatos atribuídos ao órgão respectivo;

c) Os mandatos pertencem às listas a que correspondem os termos da série estabelecida pela regra anterior, recebendo cada uma das listas tantos mandatos quantos os seus termos na série;

d) No caso de restar um ou mais mandatos para distribuir e de os termos da série serem iguais e de listas diferentes, o mandato ou mandatos cabem à lista ou listas que tiverem obtido maior número de votos.

3. Se mais de uma lista obtiver igual número de votos, não há lugar à atribuição de mandatos, devendo o acto eleitoral ser repetido.

1. V. anotação ao artigo anterior e ao artigo seguinte.

O Regimento da Assembleia da República foi publicado no DR, 1.ª Série-A, de 2 de Março de 1993, com sucessivas alterações, a última das quais consta da Resolução da Assembleia da República, de 3/99, de 20 de Janeiro, além de diversas alterações ao Estatuto dos Deputados, – Lei 7/93, de 1 de Março –, a última das quais foi a Lei n.º 45/99, de 16 de Junho.

2. A eleição dos magistrados judiciais (alínea c) do artigo 137.º), é feita, na prática, pelo método de Hondt.

ARTIGO 140.º
Princípios eleitorais

1. A eleição dos vogais referidos na alínea c), do n.º 1, do artigo 137.º, é feita com base em recenseamento organizado oficiosamente pelo Conselho Superior da Magistratura.

2. É facultado aos eleitores o exercício do direito de voto por correspondência.

3. O colégio eleitoral relativo à categoria de vogais prevista na alínea c), do n.º 1, do artigo 137.º, é formado pelos magistrados judiciais em efectividade de serviço judicial, com exclusão dos que se encontram em comissão de serviço de natureza não judicial.

4. A eleição tem lugar dentro dos trinta dias anteriores à cessação dos cargos ou nos primeiro sessenta dias posteriores à ocorrência de vacatura anunciado, com a antecedência mínima de quarenta e cinco dias, por aviso a publicar no Diário da República.

1. Os vogais referidos no n.º 1 e no n.º 3, deste artigo são os magistrados judiciais eleitos de entre eles.

2. Sobre "comissões de serviço de natureza não judicial', veja-se, "a contrario" os artigos 54.º a 56.º.

3. O "aviso" é publicado na 2.ª Série do Diário da República.

ARTIGO 141.º
Organização de listas

1. A eleição dos vogais a que se refere a alínea c), do n.º 1, do artigo 137.º, efectua-se mediante listas elaboradas por um mínimo de vinte eleitores.
2. As listas incluem um suplente em relação a cada candidato efectivo, havendo em cada lista um Juiz do Supremo Tribunal de Justiça, dois Juízes da Relação e um Juiz de Direito de cada distrito judicial.
3. Não pode haver candidatos por mais de uma lista.
4. Na falta de candidaturas, a eleição realiza-se sobre listas elaboradas pelo Conselho Superior da Magistratura.

1. Os vogais referidos no n.º 1, são os magistrados judiciais eleitos.

2. Sobre "distritos judiciais" (divisão judiciária do território) veja-se o artigo 15.º, da Lei de Organização e Funcionamento dos Tribunais Judiciais (Lei n.º 3/99, de 13 de Janeiro).

ARTIGO 142.º
Distribuição de lugares

A distribuição de lugares é feita segundo a ordem de conversão dos votos em mandatos pela forma seguinte:

1.º mandato – Juiz do Supremo Tribunal de Justiça
2.º mandato – Juiz da Relação
3.º mandato – Juiz da Relação
4.º mandato – Juiz de Direito proposto pelo Distrito Judicial de Lisboa
5.º mandato – Juiz de Direito proposto pelo Distrito Judicial do Porto
6.º mandato – Juiz de Direito proposto pelo Distrito Judicial de Coimbra
7.º mandato – Juiz de Direito proposto pelo Distrito Judicial de Évora.

ARTIGO 143.º
Comissão de eleições

1. A fiscalização da regularidade dos actos eleitorais e o apuramento final da votação competem a uma Comissão de Eleições.
2. Constituem a Comissão de Eleições, o Presidente do Supremo Tribunal de Justiça e os Presidentes das Relações.
3. Tem direito de integrar a Comissão de Eleições um representante de cada lista concorrente ao acto eleitoral.
4. As funções de Presidente são exercidas pelo Presidente do Supremo Tribunal de Justiça e as deliberações tomadas à pluralidade de votos, cabendo ao Presidente voto de qualidade.

1. Sobre a organização das listas, referido no n.º 3, veja-se o artigo 141.º.

ARTIGO 144.º
Competência da comissão de eleições

Compete especialmente à Comissão de Eleições resolver as dúvidas suscitados na interpretação das normas reguladoras do processo eleitoral e decidir as reclamações que surjam no decurso das operações eleitorais.

1. Sobre a "Comissão de Eleições" veja-se o artigo anterior.
2. Sobre o recurso contencioso das deliberações da Comissão de Eleições, veja-se o artigo seguinte.

ARTIGO 145.º
Contencioso eleitoral

O recurso contencioso dos actos eleitorais é interposto, no prazo de quarenta e oito horas, para o Supremo Tribunal de Justiça e decidido pela secção prevista no artigo 168.º, nas quarenta e oito horas seguintes à sua admissão.

1. Tal como redigida a parte final do artigo, presume-se que não haja um relator a quem caiba pronunciar-se sobre a admissibilidade do recurso e que esta será apreciada pela secção.

2. Nada impede que em vez de interposição de recurso contencioso, os interessados "reclamem" para a própria Comissão, v.g. no caso de erro material ou manifesto, pelo menos por analogia com o que dispõe o artigo 79.º e que parece prudente.

3. Nos termos do artigo 168.º, aqui referido "para efeitos de apreciação do recurso... o Supremo Tribunal de Justiça funciona através de uma secção constituída pelo mais antigos dos seus Vice-Presidentes, que tem voto de qualidade, e por um juiz de cada secção, anual e sucessivamente designado, tendo em conta a respectiva antiguidade" – n.º 2.

Vejam-se, ainda, os restantes números desse artigo.

ARTIGO 146.º
Providências quanto ao processo eleitoral

O Conselho Superior da Magistratura adoptará as providências que se mostrem necessárias à organização e boa execução do processo eleitoral.

1. A organização e execução do processo eleitoral do Conselho Superior da Magistratura, foi publicado no DR, II série, n.º 176, de 1 de Agosto de 1987.

ARTIGO 147.º
Exercício dos cargos

1. Os cargos dos vogais referidos na alínea c), do n.º 1, do artigo 137.º, são exercidos por um período de três anos renovável por igual período por uma só vez.

2. Sempre que durante o exercício do cargo um vogal eleito deixe de pertencer à categoria de origem ou fique impedido é chamado o suplente e, na falta deste, faz-se declaração de vacatura, procedendo-se a nova eleição nos termos dos artigos anteriores.

3. Não obstante a cessação do respectivos cargos, os vogais mantêm-se em exercício até à entrada em funções dos que os venham a substituir.

1. A Lei n.º 143/99, de 31 de Agosto, alterou o n.º 1, deste artigo, na redacção que vinha da Lei n.º 10/94, de 5 de Maio, que alterara a redacção

anterior do Estatuto dos Magistrados Judiciais, aprovado pela Lei n.º 21/85, de 30 de Julho, aliás sucessivamente alterada.

2. Os vogais a que se refere o n.º 1 são os magistrados judiciais eleitos.

3. Quanto ao n.º 2, os "vogais eleitos" são os que assim foram designados pela Assembleia da República e de entre e pelos magistrados judiciais – alíneas b) e c), do n.º 1, do artigo 137.º.

4. A referência genérica à "cessação dos respectivos cargos" (que condicionaram a sua colocação no Conselho Superior da Magistratura) feita no n.º 3, deste artigo é rudimentar: bastará considerar o caso de falecimento, casos de perda de mandatos (quanto aos deputados) de demissão, suspensão de exercício, etc., em que o designado perde a qualidade que foi considerada para ser elegível e eleito.

É óbvio que, ou por razões da natureza ou razões disciplinares (e tantas outras) não poderão continuar "em exercício até à entrada em funções" dos que lhes venham a suceder.

5. O exercício do cargo de vogal eleito de entre e pelos magistrados judiciais, é apenas renovável por três anos.

O mesmo já não sucede com respeito aos outros vogais designados pelo Presidente da República ou eleitos pela Assembleia da República, muito embora aquele possa cessar funções ou esta ser dissolvida (francamente melhor é a redacção do artigo 25.º do Estatuto do Ministério Público).

6. A "declaração de vacatura" implica a observância do preceituado nos artigos 139.º (forma de designação), 140.º (princípios eleitorais), 141.º (organização de listas) 142.º (distribuição de lugares) e, ainda do disposto, como aplicável, nos artigos 143.º a 145.º.

ARTIGO 148.º
Estatuto dos membros do Conselho Superior da Magistratura

1. Aos vogais do Conselho Superior da Magistratura que não sejam juízes é aplicável o regime de garantias dos magistrados judiciais.

2. O Conselho Superior da Magistratura determina os casos em que o cargo de vogal deve ser exercido em tempo integral ou com redução do serviço correspondente ao cargo de origem.

3. Os vogais do Conselho Superior da Magistratura que exerçam funções em regime de tempo integral auferem as remunerações respeitantes ao cargo de origem, se público, ou ao vencimento correspondente ao de vogal magistrado, de categoria mais elevada, em regime de ternpo integral.

4. Os vogais têm direito a senhas de presença ou subsídios, nos termos e de montante a fixar por despacho do Ministro da Justiça e, se domiciliados ou autorizados a residir fora de Lisboa, a ajudas de custo, nos termos da lei.

1. Os n.ºs 1, 3 e 4 deste artigo resultaram de alterações feitas ao presente Estatuto pela Lei n.° 143/99, de 31 de Agosto (o n.° 1, já fora alterado pela lei n.° 81/98, de 3 de Dezembro, que agora foi reproduzido nessa conformidade).

2. No Estatuto dos Magistrados Judiciais, aprovado pela Lei n.° 21/85, de 30 de Julho, o n.° 1, deste artigo dispunha:

"Aos membros do Conselho Superior da Magistratura é aplicável, com as devidas adaptacões, o regime de garantias e de incompatibilidades dos magistrados judiciais".

Tal regime vigorou sem sobressaltos durante mais de 13 anos, até a sua inesperada alteração pela citada Lei n.° 81/98, composta de um único artigo e sem qualquer preâmbulo justificativo, que se limitou a obliterar a locução "e incompatibilidades" (e quando já se preparava a actual alteração a este Estatuto).

Assim, aos vogais que não sejam juízes, deixaram de lhes ser aplicáveis as rigorosas normas de incompatibilidades, reservando-se-lhes, apenas, as... garantias.

Essa alteração, foi, como se disse, agora transposta e consagrada pela nova redacção dada a esse n.° 1.

Não surpreenderá o facto se tivermos, por exemplo, em consideração que, podendo o cargo de Vogal do Conselho Superior da Magistratura, ser exercido por Advogados (de alto gabarito), estes não aceitariam trocar a sua actividade profissional, justamente remunerada, pela modesta remuneração de Juízes.

A não ter surgido a "providencial" Lei n.° 81/98, de 3 de Dezembro, (que, apesar de tudo, não lhe atribuiu... efeito retroactivo) agora transposta para o presente Estatuto, a manterem-se as numerosas e estritas incompatibilidades a que os Juízes estão sujeitos, (v.g., vejam-se os artigos 11.°, 12.° e 13.°,) não aceitariam ou não conservariam o cargo, se porventura já para ele eleitos ou designados, e seriam, possivelmente com razão, forçados a... dispensá-lo (v. n.º 1, do artigo 13.º)[1].

"En passant" poder-se-ia ainda dizer que a situação criada, se torna, pelo menos desconfortável para ambas as partes: o Juiz que decide e o Advogado que litiga – ambos com poderes de disciplina recíprocos (cfr., p.ex., a alínea *d*), do n.º 2, do artigo 650.º, do Código de Processo Civil e a alínea *a*) do artigo 149.º).

3. O n.º 4, deste artigo não distingue entre vogais "magistrados" e os restantes.

Ora se aqueles carecem de autorização para residirem fora do local sede do tribunal onde exercem funções (sem prejuízo do seu exercício) – artigo 8.º –, já o mesmo não ocorre com estes.

E, se, por absurdo, (salvo condições especialíssimas) carecessem dessa autorização, seria, naturalmente, o próprio Conselho em que são maioritários que a concederia, com o correspondente direito a ajudas de custo – n.º 4, deste artigo.

SECÇÃO II
Competência e funcionamento

ARTIGO 149.º
Competência

Compete ao Conselho Superior da Magistratura:

a) Nomear, colocar, transferir, promover, exonerar, apreciar o mérito profissional, e exercer a acção disciplinar e, em geral, praticar todos os actos de idêntica natureza respeitantes a magistrados judiciais, sem prejuízo das disposições relativas ao provimento de cargos por via electiva;

b) Emitir pareceres sobre diplomas legais relativos à organização judiciária e ao Estatuto dos Magistrados Judiciais e, em geral, sobre matérias relativas à administração da Justiça;

---

[1] Não posso deixar de referir, entre tantos outros, que exerceram o cargo com exemplar dignidade, no percurso anterior, o Advogado Dr. Ângelo de Almeida Ribeiro, nem melindrar outros, igualmente ilustres, que o exerçam na nova situação de privilégio.

c) Estudar e propor ao Ministro da Justiça providências legislativas com vista à eficiência e ao aperfeiçoamento das instituições judiciárias;

d) Elaborar o plano anual das inspecções.

e) Ordenar inspecções, sindicâncias e inquéritos judiciais;

f) Aprovar o regulamento interno e a proposta de orçamento relativos ao Conselho;

g) Adoptar as providências necessárias à organização e boa execução do processo eleitoral;

h) Alterar a distribuição de processos nos tribunais com mais de uma vara ou juízo, a fim de assegurar a igualação e operacionalidade dos serviços;

i) Estabelecer prioridades no processamento de causas que se encontrem pendentes nos tribunais por período considerado excessivo, sem prejuízo dos restantes processos de carácter urgente;

j) Propor ao Ministro da Justiça as medidas adequadas, por forma a não tornar excessivo o número de processos a cargo de cada magistrado;

l) Fixar o número e composição das secções do Supremo Tribunal de Justiça e dos Tribunais da Relação;

m) Exercer as demais funções conferidas por lei.

1. Este artigo, na redacção introduzida pela Lei n.° 143/99, de 31 de Agosto, alterou o Estatuto dos Magistrados Judiciais, aprovado pela Lei n.° 21/85, de 30 de Julho (que sotrera, entretanto, aliás, várias allerações).

Presumindo que o legislador conhece a ordem do alfabeto português, ficam-me dúvidas sobre a subsistência da alínea *l*), já que na publicação oficial daquela Lei (Diário da República, 1.ª série, n.° 203, de 31 de Agosto de 1999), se passa da alínea *j*) para a alínea *m*).

Razão para uma atenta reflexão ou de, mais uma apressada... "Rectificação" em que o legislador é prolífico.

2. O n.° 1, do artigo 217.°, da Constituição da República Portuguesa, dispõe que:

"A nomeação, a colocação, a transferência e a promoção dos juízes dos tribunais judiciais e o exercício da acção disciplinar competem ao Conselho Superior da Magistratura, nos termos da lei".

V. a anotação ao artigo 137.°, sobre a composição do Conselho Superior da Magistratura.

3. O n.º 1, na versão anterior, estabelecia que além das garantias, concedidas aos vogais não judiciais, lhes era aplicável também, o regime de incompatibilidades a que estão sujeitos aqueles magistrados.

Sucede que, considerando que na sua maioria eles, exerciam e exercem profissões, designadamente liberais, designadamente de advocacia, o legislador, apressadamente, veio retirar-lhes as "incompatibilidades", sob a pressão dos vogais que as exerciam e que renunciariam ao cargo de vogais se tal não acontecesse.

Nomeadamente, no que respeita aos vogais que exercem, simultaneamente a Advocacia, encontramos-nos agora nesta situação peregrina: o mandatário judicial sobre o qual e no decurso de uma audiência, o Juiz tem poderes de disciplina (cfr. o artigo 650.º, do Código de Processo Civil e muitos outros em que cabe ao Juiz disciplinar os actos processuais) os mesmos magistrados estão, simultaneamente, sujeitos à apreciação da sua conduta profissional... pelos mesmos Advogados, enquanto vogais do Conselho Superior da Magistratura (cfr. artigo 151.º).

4. A competência atribuída ao Conselho pelas alíneas b) e c) são compartilhadas pelo Conselho Superior do Ministério Público (cfr. artigo 27.º, do Estatuto do Ministério Público.

5. Sobre "inspecções", vejam-se os artigos 160.º a 162.º e quanto a "inquéritos e sindicâncias" os artigos 132.º a 135.º.

6. O "regulamento interno" do Conselho foi publicado no DR, 2.ª série, de 27 de Abril de 1993.

7. Sobre o "processo eleitoral", veja-se a anotação ao artigo 146.º.

8. Sobre o número e composição das secções do Supremo Tribunal de Justiça e dos Tribunais das Relações, vejam-se os artigos 27.º a 29.º, da Lei de Organização e Funcionamento dos Tribunais Judiciais – Lei n.º 3/99, de 13 de Janeiro.

Nomeadamente os n.os 1 e 2, do artigo 29.º, deste diploma (sob a epígrafe "Preenchimento das secções":

"1. O Conselho Superior da Magistratura fixa, sempre que o julgar conveniente, sob proposta do Presidente do Supremo Tribunal de Justiça, o número de juízes que compõem cada secção.

(Note-se que o Presidente do Supremo Tribunal de Justiça é, simultaneamente, o Presidente do Conselho Superior da Magistratura – artigo 137.º).

"2. Cabe ao Presidente do Supremo Tribunal de Justiça distribuir os juízes pelas secções, tomando sucessivamente em conta o seu grau de especialização, a conveniência do serviço e a preferência manifestada".

9. Sobre "delegação de poderes" veja-se o artigo 158.º.

10. Cabe ainda, ao Conselho, propor ao Ministro da Justiça, o quadro de inspectores e de secretários de inspecção – n.º 3, do artigo 160.º.

11. E, também, a competência para decidir, definitivamente, a reclamação que suspenda a execução da decisão final em processo disciplinar – artigo 167.º-A. Ver, também o artigo 170.º.

12. Bem como, propor à Direcção-Geral dos Serviços Judiciários, os modelos de livros a adoptar e os que podem ser dispensados.

Embora o Código de Processo Civil, se continue a referir ao "livro de lembranças", nos tribunais superiores, (v.g., arts. 714.º, 717.º), até hoje não foi concretizado, o que cria graves inconvenientes para as partes que só, eventualmente na sessão seguinte, conhecem o resultado da decisão... já tomada!

ARTIGO 149.º-A
Relatório de actividades

O Conselho Superior da Magistratura envia anualmente, no mês de Janeiro, à Assembleia da República, relatório da sua actividade respeitante ao ano anterior, o qual será publicado no Diário da Assembleia da República.

1. Este artigo foi aditado pela Lei n.º 143/99, de 31 de Agosto, que alterou o presente Estatuto. Não se compreende essa "fiscalização" da Assembleia da República, sobre o Órgão Superior de Gestão e Disciplina da Magistratura Judicial, sendo que os Tribunais são órgão paritário de soberania (artigo 110.º, n.º 1, e 202.º, da Constituição da República Portuguesa) e é presidido pelo Presidente do Supremo Tribunal de Justiça, que é o "órgão superior da hierarquia dos tribunais" – artigo 210.º; que aquele Conselho Superior da Magistratura disciplina toda a vida judicial – artigo 217.º; e que "os juízes dos tribunais judiciais formam um corpo único e regem-se por um só estatuto" – artigo 215.º, todos do mesmo diploma.

ARTIGO 150.º
Funcionamento

1. O Conselho Superior da Magistratura funciona em Plenário e em Conselho Permanente.
2. O Plenário é constituído por todos os membros do Conselho, nos termos do n.º 1, do artigo 137.º.
3. Compõem o Conselho Permanente os seguintes membros:
a) O Presidente do Conselho Superior da Magistratura que preside;
b) O Vice-Presidente do Conselho Superior da Magistratura;
c) Um Juiz da Relação;
d) Dois Juízes de Direito;
e) Um dos vogais designados nos termos da alínea *a)*, do n.º 1, do artigo 137.º;
f) Dois vogais de entre os designados pela Assembleia da República;
g) O vogal a que se refere o n.º 2, do artigo 159.º.
4. A designação dos vogais referidos nas alíneas *c)*, *d)* e *f)* do número anterior faz-se rotativamente, por períodos de dezoito meses.
5. O vogal mencionado na alínea *g)*, do n.º 3, apenas participa na discussão e votação do processo de que foi relator.

1. Este artigo foi reformulado pela Lei n.º 143/99, de 31 de Agosto, que alterou o Estatuto dos Magistrados Judiciais, aprovado pela Lei n.º 21/85, de 30 de Julho, a qual entretanto já sofrera várias alterações.

2. O n.º 1, do artigo 137.º, define a composição do Conselho Superior da Magistratura.

3. Quanto ao Conselho Permanente, o vogal a que se refere a alínea *a)*, do n.º 1, do artigo 137.º, é um dos dois nomeados pelo Presidente da República.

4. Os vogais, Juiz da Relação, os dois Juízes de Direito e dois dos vogais designados pela Assembleia da República, exercem rotativamente o cargo por períodos de dezoito meses.

5. O vogal a que se refere o n.º 2, do artigo 159.º é o juiz relator do processo que lhe foi distribuído, nos termos do n.º 1, mesmo artigo.

ARTIGO 150.°-A
Assessores

1. O Conselho Superior da Magistratura dispõe, na sua dependência, de assessores, para sua coadjuvação.

2. Os assessores a que se refere o número anterior são nomeados pelo Conselho de entre Juízes de Direito com classificação não inferior a Bom com distinção e antiguidade não inferior a cinco e não superior a 15 anos.

3. O número de assessores é fixado por portaria conjunta dos Ministros das Finanças, Justiça e do membro do Governo responsável pela Administração Pública, sob proposta do Conselho Superior da Magistratura.

4. Aos assessores é aplicável o disposto nos n.° 1 e 4, do artigo 57.°.

1. Este artigo foi aditado pela Lei n.° 143/99, de 31 de Agosto, que alterou o Estatuto dos Magistrados Judiciais, aprovado pela Lei n.° 21/85, de 30 de Julho, que, aliás, já fora sucessivamente alterada.

2. Sobre os "assessores" que coadjuvam os magistrados judiciais e do Ministéno Público, junto do Supremo Tribunal de Justiça, dos tribunais da Relação e dos tribunais judiciais de 1.ª Instância, veja-se a Lei n.° 2/98, de 8 de Janeiro. Sobre os "assessores" no Conselho Supenor da Magistratura, veja-se anotação ao artigo 56.° e a Portaria n.° 184/99.

3. O artigo 57.° refere-se ao prazo de duração das comissões ordinárias de serviço.

ARTIGO 151.°
Competência do Plenário

São da competência do Plenário do Conselho Superior da Magistratura:

a) Praticar os actos referidos no artigo 149.°, respeitantes a Juízes do Supremo Tribunal de Justiça e das Relações ou a estes Tribunais;

b) Apreciar e decidir as reclamações contra actos praticados pelo Conselho Permanente, pelo Presidente, pelo Vice-Presidente ou pelos vogais;

c) Deliberar sobre as matérias referidas nas alíneas *b)*, *c)*, *f)*, *g)* e *m)*, do artigo 149.°;

d) Deliberar sobre as propostas de atribuição da classificação prevista no n.° 2, do artigo 34.°;

e) Apreciar e decidir os assuntos não previstos nas alíneas anteriores que sejam avocados por sua iniciativa, por proposta do Conselho Permanente ou a requerimento fundamentado de qualquer dos seus membros.

f) Exercer as demais funções conferidas por lei.

1. A Lei n.° 143/99, de 31 de Agosto, que alterou o Estatuto dos Magistrados Judiciais, aprovado pela Lei n.° 21/85, de 30 de Julho, a qual, aliás, já sofrera sucessivas alterações, reformulou este artigo, aditando-lhe, nomeadamente, a alínea *d)*.

2. O artigo 149.° explicita a competência do Conselho Superior da Magistratura, embora não exaustivamente (veja-se, v.g. a competência para delegar poderes no seu Presidente – artigo 158.°), reservando-se, no artigo em comentário, para o Plenário os actos, dentro dessa competência, relativos aos Juízes do Supremo Tribunal de Justiça e aos Juízes das Relações.

3. Sobre os actos da competência do Conselho Permanente, veja-se o artigo seguinte; sobre a competência do seu Presidente, os artigos 153.° e 158.° e do seu Vice-Presidente, os artigos 153.°, n.° 2, 154.° e 158.° sobre a competência dos vogais, veja-se o artigo 154.°, n.° 2.

4. As alíneas do artigo 149.° referem-se, respectivamente à emissão de pareceres sobre diplomas legais relativos à organização judiciária e ao Estatuto dos Magistrados Judiciais e, em geral, sobre matérias relativas à administração da Justiça – alínea *b)*; estudo e proposta ao Ministro da Justiça de providências legislativas com vista à eficiência e ao aperfeiçoamento das instituições judiciárias – alínea *c)*; aprovar o regulamento interno e a proposta de orçamento relativos ao Conselho – alínea *f)*; adopção das providências necessárias à organização e boa execução do processo eleitoral – alínea *g)*.

5. O n.° 2, do artigo 34.°, referido na alínea *d)*, respeita à atribuição da classificação de Medíocre, a Juízes de Direito.

6. Sobre o funcionamento do Plenário, veja-se o artigo 156.°.

7. V., ainda, a anotação ao artigo 149.°.

8. Cabe-lhe, ainda, conhecer das reclamações contra deliberações do Conselho Permanente (artigo 165.°), bem como das decisões do Presidente,

do Vice-Presidente e dos Vogais do Conselho Superior da Magistratura (art. 166.°).

ARTIGO 152.°
Competencia do Conselho Permanente

1. São da competência do Conselho Permanente os actos não incluídos no artigo anterior.

2. Consideram-se tacitamente delegadas no Conselho Permanente, sem prejuízo da sua revogação pelo Plenário do Conselho, as competências previstas nas alíneas *a*), *d*), *e*) e *h*) a *j*), do artigo 149.°, salvo as respeitantes aos tribunais superiores e respectivos juízes.

1. O n.° 2 foi aditado pela Lei n.° 143/99, de 31 de Agosto (sexta alteração do Estatuto da Magistratura Judicial, aprovado pela Lei n.° 21/85, de 30 de Julho).

2. As alíneas a que se refere o n.° 2, deste artigo, ressalvada a sua aplicação respeitantes aos tribunais superiores e respectivos juízes, prevêem, respectivamente, a nomeação, colocação, transferência, promoção, exoneração, apreciação do mérito profissional e o exercício da acção disciplinar, bem como os actos de idêntica natureza – alínea *a*); a elaboração do plano anual das inspecções – alínea *d*); ordenação de inspecções, sindicâncias e inquéritos judiciais – alínea *e*); a alteração da distribuição de processos nos tribunais com mais de uma vara ou juízo – alínea *h*); os estabelecimento das prioridades no processamento de causas pendentes nos tribunais por período considerado excessivo – alínea *i*); proposição ao Ministro da Justiça de medidas adequadas a não tornar excessivo o número de processos a cargo de cada magistrado.

3. Sobre o funcionamento do Conselho Permanente, veja-se o artigo 157.°.

4. Das deliberações do Conselho Permanente, reclama-se para o Plenário do Conselho Superior da Magistratura – art. 165.°.

ARTIGO 153.°
Competencia do Presidente

1. Compete ao Presidente do Conselho Superior da Magistratura:
a) Representar o Conselho;

b) Exercer as funções que lhe forem delegadas pelo Conselho, com a faculdade de subdelegar no Vice-Presidente;

c) Dar posse ao Vice-Presidente, aos Inspectores Judiciais e ao Secretário;

d) Dirigir e coordenar os serviços de inspecção;

e) Elaborar, mediante proposta do secretário, ordens de execução permanente;

f) Exercer as demais funções conferidas por lei.

2. O Presidente pode delegar no Vice-Presidente a competência para dar posse aos inspectores judiciais e ao secretário, bem como as competências previstas nas alíneas *d)* e *e)*, do número anterior.

1. A alínea *a)* foi aditada pela Lei n.º 143/99, de 31 de Agosto (sexta alteração ao Estatuto dos Magistrados Judiciais, aprovado pela Lei n.º 21/85, de 30 de Julho).

2. Sobre a competência do Vice-Presidente, veja-se o artigo seguinte.

3. Sobre "delegação de poderes", veja-se o artigo 158.º.

4. Sobre "inspecções judiciais", vejam-se os artigos 162.º a 168.º.

5. Sobre a competência para convocar extraordinariamente o Plenário do Conselho Superior da Magistratura, veja-se o n.º 1, do artigo 156.º, e o Conselho Permanente, o n.º 1, do artigo 157.º.

6. Das decisões do Presidente reclama-se para o Plenário – artigo 151.º, alínea *b)*.

ARTIGO 154.º
Competência do Vice-Presidente

1. Compete ao Vice-Presidente do Conselho Superior da Magistratura substituir o Presidente nas suas faltas ou impedimentos e exercer as funções que lhe forem delegadas.

2. O Vice-Presidente pode subdelegar nos vogais que exerçam funções em tempo integral as funções que lhe forem delegadas ou subdelegadas.

1. O n.º 2, foi aditado pela Lei n.º 143/99, de 31 de Agosto, (sexta alteração ao Estatuto dos Magistrados Judiciais, aprovado pela lei n.º 21/85, de 30 de Julho).

2. Sobre "delegação de poderes", veja-se o artigo 158.º.

3. Sobre os "vogais" do Conselho Superior da Magistratura, designadamente os "vogais permanentes", vejam-se os artigos 137.º, 139.º, 147.º e 148.º, n.ᵒˢ 2 e 3.

4. Das decisões do Vice-Presidente, reclama-se para o Plenário – artigo 151.º, alínea *b*).

ARTIGO 155.º
Competência do Secretário

Compete ao secretário do Conselho Superior da Magistratura:

a) Orientar e dirigir os serviços da secretaria, sob a superintendência do Presidente e em conformidade com o regulamento interno;

b) Submeter a despacho do Presidente ou do Vice-Presidente os assuntos da competência destes e os que, pela sua natureza, justifiquem a convocação do Conselho;

c) Promover a execução das deliberações do Conselho;

d) Elaborar e propor ao Presidente ordens de execução permanente;

e) Preparar a proposta de orçamento do Conselho;

f) Elaborar propostas de movimento judicial;

g) Comparecer às reuniões do Conselho e elaborar as respectivas actas;

h) Solicitar dos tribunais ou de quaisquer outras entidades públicas e privadas as informações necessárias ao bom funcionamento dos serviços;

i) Dar posse aos funcionários que prestam serviço no Conselho;

j) Exercer as mais funções conferidas por lei.

1. Ao "regulamento interno do Conselho" se refere a alínea *f*), do artigo 149.º, cuja aprovação compete ao Conselho Superior da Magistratura. Sobre esse Regulamento, veja-se a anotação 6 ao artigo 149.º.

2. Sobre a "competência" do Presidente e do Vice-Presidente do Conselho Superior da Magistratura, vejam-se, respectivamente, os artigos 153.º, 154.º e 158.º.

3. Sobre a competência do Presidente do Conselho Superior da Magis-

tratura para elaborar ordens de execução permanente, veja-se a alínea *e)* do artigo 153.º.

4. Sobre o "orçamento do Conselho" veja-se a alínea *f)*, do artigo 149.º, que atribui competência a este para a sua aprovação.

5. Sobre "movimentos judiciais" vejam-se os artigos 38.º e seguintes e a alinea *a)*, do artigo 149.º.

ARTIGO 156.º
Funcionamento do Plenário

1. As reuniões do plenário do Conselho Superior da Magistratura têm lugar ordinariamente uma vez por mês e extraordinariamente sempre que convocadas pelo Presidente.

2. As deliberações são tomadas à pluralidade de votos cabendo ao Presidente voto de qualidade.

3. Para a validade das deliberações exige-se a presença de, pelo menos, doze membros.

4. Nas reuniões em que se discuta ou delibere sobre o concurso de acesso ao Supremo Tribunal de Justiça e designação dos respectivos Juízes participam, com voto consultivo, o Procurador-Geral da República e o Bastonário da Ordem dos Advogados.

5. O Conselho Superior da Magistratura pode convocar para participar nas reuniões, com voto consultivo, os Presidentes das Relações que não façam parte do Conselho, devendo sempre convocá-los quando se trate de graduação para acesso ao Supremo Tribunal de Justiça, desde que não estejam impedidos.

1. Sobre a "composição" do Plenário do Conselho, veja-se o n.º 2, do artigo 150.º e o n.º 2 do artigo 137.º.

Sobre a sua competência, veja-se o artigo 151.º.

2. Sobre o concurso para a nomeação de Juízes para o Supremo Tribunal de Justiça, veja-se o artigo 51.º.

3. Nos termos dos n.ºs 2 e 3, do artigo 150.º, faz parte do Conselho, Plenário ou Permanente, um Juiz da Relação. Se este for Juiz Presidente da Relação, serão convocados os restantes Presidentes, caso contrario sê--lo-ão todos, excepto aqueles que estiverem impedidos, designadamente por serem concorrentes ao Supremo Tribunal de Justiça.

ARTIGO 157.º
Funcionamento do Conselho Permanente

1. O Conselho Permanente reúne ordinariamente uma vez por mês e extraordinariamente sempre que convocado pelo Presidente.
2. Para validade das deliberações exige-se a presença de, pelo menos, cinco membros.
3. Aplica-se ao funcionamento do Conselho Permanente o disposto nos n.ᵒˢ 2 e 5 do artigo anterior.

1. Sobre a "composição " do Conselho Permanente, veja-se o artigo veja-se o n.º 3, do artigo 150.º e a aílnea *a*), do n.º 1, do artigo 137.º.

2. Sobre a "competência" do Conselho Permanente, veja-se o artigo 152.º.

3. Por força do disposto no n.º 3, deste artigo, as deliberações são tomadas à pluralidade de votos, cabendo ao Presidente voto de qualidade e há possibilidade de convocar os Presidentes das Relações, para participar nas reuniões, com voto meramente consultivo (primeira parte do n.º 5, do artigo 156.º, visto a matéria sobre o concurso de acesso ao Supremo Tribunal de Justiça, e designação dos respectivos Juízes, caber exclusivamente ao Plenário, ex-vi dessa mesma norma).

ARTIGO 158.º
Delegação de poderes

1. O Conselho Superior da Magistratura pode delegar no Presidente, com faculdade de subdelegação no Vice-Presidente, poderes para:
 a) Ordenar inspecções extraordinárias;
 b) Instaurar inquéritos e sindicâncias;
 c) Autorizar que magistrados se ausentem do serviço;
 d) Conceder a autorização a que se refere o n.º 2, do artigo 8.º;
 e) Prorrogar o prazo para a posse e autorizar ou determinar que esta seja tomada em lugar ou perante autoridade diferente;
 f) Indicar magistrados para participarem em grupos de trabalho;
 g) Resolver outros assuntos, nomeadamente os de carácter urgente.

2. Pode ainda o Conselho Superior da Magistratura delegar nos Presidentes do Supremo Tribunal de Justiça e das Relações a prática de actos próprios da sua competência, designadamente os relativos a licenças, faltas e férias, e bem assim a competência a que se refere a alínea *l*), do artigo 149.°.

1. A Lei n.° 143/99, de 31 de Agosto, (sexta alteração ao Estatuto dos Magistrados Judiciais, aprovado pela Lei n.° 21/85, de 30 de Julho) introduziu, na alínea *e*), a locução "ou determinar":

2. Sobre os "Serviços de Inspecção" vejam-se os artigos 160.° a 162.°.

3. Sobre "Inquéritos e Sindicâncias", vejam-se os artigos 132.° a 135.°.

4. Sobre "ausência do serviço" veja-se o artigo 9.° e 10.°-A ("dispensa de serviço").

5. O n.° 2, do artigo 8.°, a que se reporta a alínea *d*), do artigo em comentário, refere-se à autorização para o magistrado residir em local diferente do seu "domicilio necessário" (definido no n.° 1, do mesmo artigo 8.°).

6. Sobre o prazo para a "posse" e o lugar onde ela deve ser tomada, vejam-se os artigos 59.° a 63.°.

7. Sobre "licenças, faltas e férias" vejam-se os artigos 10.°, 10.°-A e 28.°.

8. A alínea *l*), do artigo 149.°, refere-se à fixação do número e composição das secções do Supremo Tribunal de Justiça e dos Tribunais da Relação.

ARTIGO 159.°
Distribuição de processos

1. Os processos são distribuídos por sorteio, nos termos do regulamento interno.
2. O vogal a quem o processo foi distribuído é o relator.
3. O relator requisita os documentos, processos e diligências que considere necessários, sendo aqueles requisitados pelo tempo indispensável, com ressalva do segredo de justiça e por forma a não causar prejuízo às partes.
4. No caso do relator ficar vencido, a redacção da deliberação cabe ao vogal designado pelo Presidente.

5. Se a matéria for de manifesta simplicidade, o relator pode submetê-la a apreciação com dispensa de vistos.

6. A deliberação que adoptar os fundamentos e propostas, ou apenas os primeiros, do inspector judicial ou do instrutor do processo pode ser expressa por simples acórdão de concordancia, com dispensa de relatório.

1. Sobre o "Regulamento interno" veja-se a anotação ao artigo 149.°.

2. Sobre "segredo de justiça" veja-se, com muito interesse, o vol. VI, dos Pareceres da Procuradoria-Geral da República, que se ocupa dos "Segredos e sua tutela".

3. Sobre "Inspectores", "Inspecções", "Instrutores", vejam-se os artigos 160.° a 162.° e 132.° a 135.° e, ainda, o Regulamento das Inspecções Judiciais – Adenda II. Sobre "Reclamações e Recursos" os artigos 164.° a 179.°.

SECÇÃO III
Serviços de Inspecção

ARTIGO 160.°
Estrutura

1. Junto do Conselho Superior da Magistratura funcionam os serviços de inspecção.

2. Os serviços de inspecção são constituídos por inspectores judiciais e por secretários de inspecção.

3. O quadro de inspectores judiciais e de secretários de inspecção é fixado por Portaria do Ministro da Justiça, sob proposta do Conselho Superior da Magistratura.

1. Compete ao Conselho Superior da Magistratura elaborar o plano anual de inspecções e ordenar inspecções, sindicâncias e inquéritos judiciais (alíneas *d*) e *e*), do artigo 149.° podendo esta última competência ser delegada no Presidente com a faculdade de a poder subdelegar no Vice--Presidente – artigo 158.°, n.° 1, alíneas *a*) e *b*).

2. O Regulamento das Inspecções Judiciais, vem adiante publicado, como Adenda II.

3. O quadro de inspectores judiciais e secretários de inspecção foi, ultimamente, fixado pela Portaria do Ministro da Justiça, n.° 187/99.

ARTIGO 161.º
Competência

1. Compete aos serviços de inspecção facultar ao Conselho Superior da Magistratura o perfeito conhecimento do estado, necessidades e deficiências dos serviços, a fim de o habilitar a tomar as providências ou a propor ao Ministro da Justiça as medidas que dependam da intervenção do Governo.

2. Complementarmente, os serviços de inspecção destinam-se a colher informações sobre o serviço e o mérito dos magistrados.

3. A inspecção destinada a colher informações sobre o serviço e o mérito dos magistrados não pode ser feita por inspectores de categoria ou antiguidade inferiores à dos magistrados inspeccionados.

1. Nos termos da alínea c), do artigo 149.º, compete, ao Conselho Superior da Magistratura o estudo e proposição ao Ministro da Justiça de providências legislativas com vista à eficiência e ao aperfeiçoamento das instituições judiciárias.

2. Sobre a "antiguidade" dos magistrados, vejam-se, entre outros, os artigos 72.º, 75.º e 76.º.

Sobre "classificações", vejam-se, entre outros, os artigos 32.º (classificação dos Juízes de Direito), 34.º (critérios e efeitos), 37.º (elementos a considerar) e 37.º-A (Juízes da Relação).

ARTIGO 162.º
Inspectores e secretários de inspecção

1. Os inspectores judiciais são nomeados, em comissão de serviço, de entre Juízes da Relação ou, excepcionalmente, de entre Juízes de Direito com antiguidade não inferior a quinze anos e classificação de serviço de Muito Bom.

2. Os inspectores judiciais têm vencimento correspondente a Juiz da Relação.

3. Quando deva proceder-se a inspecção, inquérito ou processo disciplinar a Juízes do Supremo Tribunal de Justiça ou das Relações, é designado como inspector extraordinário um Juiz do Supremo Tribunal de Justiça, podendo sê-lo, com a sua anuência, um juiz jubilado.

4. As funções de secretário de inspecção são exercidas, em comissão de serviço, por funcionário de justiça.

5. Os secretários de inspecção, quando secretários judiciais com classificação de Muito Bom auferem o vencimento correspondente ao de secretário de tribunal superior.

1. Sobre o regulamento das Inspecções, veja-se a anotação ao artigo 37.º e, a final, a Adenda II.

2. A Lei n.º 143/99, de 31 de Agosto, que alterou o Estatuto dos Magistrados Judiciais aprovado pela lei n.º 21/85, de 30 de Julho (aliás, sucessivamente alterada) adicionou ao n.º 3, a possibilidade de ser nomeado inspector um magistrado Jubilado.

Como necessariamente sucede, e decorre deste artigo com os inspectores ordinários, o inspector extraordinário nomeado na hipótese do n.º 3, havia de ser igualmente um magistrado em efectividade de funções (o que exclui, por exemplo, magistrados aposentados ou jubilados).

Nem se compreenderia que exercessem funções inerentes à judicatura magistrados que já a não exercem

Todavia, a alteração <u>agora introduzida</u> ao n.º 3, veio aditar essa possibilidade, que anteriormente, e razoavelmente, não existia.

Note-se todavia que esta disposição agora "remodelada" só entrou em vigor com a vigência desta Lei n.º 143/99, de 31 de Agosto, não dando cobertura a situações anteriores [1].

Assim as anteriores inspecções, inquéritos ou processos disciplinares, feitos por magistrados jubilados, são efectivamente actos "a non judice".

3. Sobre o estatuto remuneratório dos Ofciais de Justiça, vejam-se os artigos 80.º e seguintes, do Estatuto dos Funcionários de Justiça, aprovado pelo Decreto-Lei n.º 343/99, de 26 de Agosto.

SECÇÃO IV
Secretaria do Conselho Superior da Magistratura

ARTIGO 163.º
Pessoal

A organização, o quadro e o regime de provimento do pessoal da secretaria do Conselho Superior da Magistratura são fixados por Decreto-Lei.

1. Veja-se o Decreto-Lei n.º 27/92.

---

[1] Também o anterior Regulamento das Inspecções, não falava na designação de

CAPÍTULO XI
Reclamações e Recursos

SECÇÃO I
Princípios gerais

ARTIGO 164.º
Disposição geral

1. Pode reclamar ou recorrer quem tiver interesse directo, pessoal e legítimo na anulação da deliberação ou da decisão.
2. Não pode recorrer quem tiver aceitado, expressa ou tacitamente, a deliberação ou a decisão.
3. São citadas as pessoas a quem a procedência da reclamação ou do recurso possa directamente prejudicar.

1. Sobre os eventuais "interessados", veja-se a anotação ao artigo 128.º.

2. A noção de "interesse directo, pessoal e legítimo" que aqui não se define, terá de encontrar-se nas disposições do Código de Processo Civil, cujo artigo 26.º dispõe, que:

"1. O autor é parte legítima quando tem interesse directo em demandar; o réu é parte legítima quando tem interesse directo em contradizer.

"2. O interesse em demandar exprime-se pela utilidade derivada da procedência da acção; o interesse em contradizer pelo prejuízo que dessa procedência advenha.

"3. Na falta de indicação da lei em contrário, são considerados titulares do interesse relevante para o efeito da legitimidade os sujeitos da relação controvertida tal como é configurada pelo autor".

3. Não refere também, a disposição em análise, como pode considerar-se a aceitação da deliberação ou decisão "tácita".

Nos termos do artigo 217.º, do Código Civil, "a declaração (negocial) é tácita quando se deduz de factos que, com toda a probabilidade, a revelam". E o artigo 218.º, do mesmo diploma, refere que "o silêncio vale como declaração negocial, quando esse valor lhe seja atribuído por lei, uso ou convenção".

---

juízes "jubilados". Tal só aparece no actual regulamento publicado em 10 de Novembro de 1999 (v. Adenda II).

Sobretudo, no domínio em que estamos, a aferição do valor da aceitação da deliberação ou decisão, como "tácita" é, sobremodo, delicada.

4. Sobre a legitimidade "passiva" a que se reporta o n.° 3, deste artigo, veja-se a nota 2, anterior.

SECÇÃO II
Reclamações

ARTIGO 165.°
Conselho Permanente

Das deliberações do Conselho Permanente reclama-se para o Plenário do Conselho.

1. Sobre a competência do Conselho Plenário, veja-se o artigo 151.°.

2. Da competência do Conselho Permanente, veja-se o artigo 152.°.

ARTIGO 166.°
Presidente

Das decisões do Presidente, do Vice-Presidente ou dos vogais do Conselho Superior da Magistratura reclama-se para o Plenário do Conselho.

1. Sobre a competência do Presidente e Vice-Presidente do Conselho Superior da Magistratura, vejam-se, respectivamente os artigos 153.° e 154.°.

2. Sobre os "vogais" do Conselho Superior da Magistratura, veja-se a anotação ao artigo 137.°.

3. A Lei n.° 143/99, de 31 de Agosto, que alterou a Lei n.° 21/85, de 30 de Julho (Estatuto dos Magistrados Judiciais) aliás já sucessivamente alterada, introduziu a locução "ou dos vogais do Conselho" prevenindo a capacidade destes tomarem, decisões (v.g. artigo 159.°).

ARTIGO 167.°
Prazo

1. Na falta de disposição especial o prazo para a reclamação é de trinta dias.

2. O prazo para decisão da reclamação é de três meses, não se suspendendo durante as férias judiciais.

3. Se a decisão não for proferida no prazo do número anterior presume-se indeferida para o efeito de o reclamante poder interpor o recurso facultado pelos artigos 168.º e seguintes.

4. A não ser interposto ou admitido o recurso previsto no número anterior o Conselho Superior da Magistratura não fica dispensado de proferir decisão, da qual pode ser levado recurso nos termos dos artigos 168.º e seguintes.

1. Sobre contagem de prazos, veja-se a anotação ao artigo 178.º.

2. A presunção de indeferimento, referida no n.º 3, significa uma manifestação tácita, a qual é uma presunção "juris et de jure" por meio da qual o legislador retira, do silêncio de um órgão da Administração, a conclusão de que a pretensão não expressamente apreciada em certo prazo foi deferida, ou indeferida, conforme os casos.

No caso vertente a presunção é de que a pretensão foi indeferida.

Todavia, e muito especialmente, este artigo, no seu n.º 4, retira eficácia definitiva à não-apreciação tempestiva da pretensão, já que permite que a sua apreciação venha a ter lugar, ulteriormente.

Aqui o "indeferimento tácito" existirá apenas para o efeito de poder ser interposto, desde logo, o recurso, nos termos dos artigos 168.º e seguintes.

Podendo, a decisão presumida e posteriormente proferida, ser novamente objecto de recurso (no caso, obviamente, de este ainda não ter sido interposto) quando e se vier a ser proferida.

ARTIGO 167.º-A
Efeitos da reclamação

A reclamação suspende a execução da decisão e devolve ao plenário do Conselho a competência para decidir definitivamente.

1. Aditado pela Lei n.º 143/99, de 31 de Agosto, que alterou o Estatuto dos Magistrados Judiciais, aprovado pela Lei n.º 21/85, de 30 de Julho, que entretanto, já sofrera várias alterações.

2. Dada a redacção deste artigo e a redacção do n.º 5, do artigo 170.º,

o efeito suspensivo da reclamação deve abranger também a suspensão da execução da "suspensão do exercício de funções".

SECÇÃO III
Recursos

ARTIGO 168.º
Recursos

1. Das deliberações do Conselho Superior da Magistratura recorre-se para o Supremo Tribunal de Justiça.
2. Para efeitos de apreciação do recurso referido no número anterior o Supremo Tribunal de Justiça funciona através de uma secção constituída pelo mais antigo dos seus Vice-Presidentes, que tem voto de qualidade, e por um Juiz de cada secção, anual e sucessivamente designado, tendo em conta a respectiva antiguidade.
3. Os processos são distribuídos pelos Juízes da secção.
4. A competência da secção mantém-se até ao julgamento dos recursos que lhe hajam sido distribuídos.
5. Constituem fundamentos de recurso os previstos na lei para os recursos a interpor dos actos do Governo.

1. O n.º 2, deste artigo foi reformulado pela Lei n.º 143/99, de 31 de Agosto, que alterou o Estatuto dos Magistrados Judiciais, aprovado pela Lei n.º 21/85, de 30 de Julho, aliás, sucessivamente alterada.

2. Sobre a organização e funcionamento do Supremo Tribunal de Justiça, vejam-se os artigos 27.º a 32.º da Lei de Organização e Funcionamento dos Tribunais Judiciais (Lei n.º 3/99, de 13 de Janeiro).

3. O n.º 2, reproduz o citado artigo 27.º.

4. O n.º 5, limita-se a reproduzir uma "ideia" que vem dos "idos" de 1930, sem qualquer significado substancial: salvo se quiser entender, e assim terá de ser, que "os fundamentos do recurso" serão todos os que cabem de qualquer acto administrativo, de responsabilidade civil ou criminal, dos agentes da Administração Pública, o que, muito simplesmente é despiciendo, face ao disposto, designadamente nos artigos 20.º, 32.º, n.º 1 e 268.º, da Constituição da República Portuguesa.

Mais uma vez incorre aqui, o legislador, na vacuidade duma norma, como aquelas, múltiplas, em que termina por dizer: "e nos mais casos da lei", semeadas ao longo de diplomas legislativos, deixando ao intérprete ou aplicador da norma, pesquisar, por si, o que aquele ignorava...

Nos termos da Constituição da República Portuguesa, o Governo tem "Competência política" (artigo 197.º), "Competência legislativa" (artigo 198.º) e "Competênce administrativa" (artigo 199.º).

Por seu lado, o Conselho de Ministros tem a sua competência definida no artigo 200.º, enquanto à competência dos membros do Governo se refere o artigo 201.º.

Os actos de natureza política do Governo, não são, regra geral, sindicáveis. Eventualmente os decretos de aprovação de acordos internacionais, pode-lo-ão ser em sede de constitucionalidade.

Na mesma sede poderão ser apreciados os actos emergentes da sua "competência legislativa".

No exercício da sua "competência administrativa" pode já a sua conduta (como a do Conselho de Ministros ou dos membros do Governo bem como dos órgãos que tutela, e ainda dos agentes da administração Pública) estar sujeita à apreciação jurisdicional dos tribunais administrativos ou judiciais.

Cada um dos recursos destes actos governativos segue procedimentos diferentes.

Quando, neste artigo do Estatuto se referem "actos do Governo" fica, pois, a dúvida a quais "actos do Governo" se reporta e, consequentemente, qual o processo exacto que os recursos contenciosos das deliberações do Conselho devem seguir.

ARTIGO 169.º
Prazo

1. O prazo para a interposição do recurso é de 30 dias, conforme o interessado preste serviço no continente ou nas regiões autónomas e de 45 dias se prestar serviço no estrangeiro.

2. O prazo do número anterior conta-se:

a) Da data da publicação da deliberação quando seja obrigatória;

b) Da data da notificação do acto quando esta tiver sido efectuada, se a publicação não for obrigatória;

c) Da notificação, conhecimento ou início de execução da deliberação, nos restantes casos.

1. A Lei n.º 143/99, de 31 de Agosto, alterou o n.º 1, deste artigo, do Estatuto dos Magistrados Judiciais, aprovado pela Lei n.º 21/85, de 30 de Julho, (que sofrera entretanto várias alterações), no que se referia ao território de Macau.

2. A mesma Lei alterou a alínea *b*) que, na anterior redacção se referia ao caso de "indeferimento tácito" que está previsto no n.º 3, do artigo 167.º.

Assim e nos termos desta última disposição, o prazo para a interposição do recurso, começará a correr passados os três meses para a decisão da Reclamação, se durante eles esta não for proferida.

3. Sobre a contagem dos prazos, veja-se a anotação ao artigo 178.º.

4. Sobre a "notificação", veja-se o artigo 118.º e respectiva anotação.

5. Sobre a "publicação" da pena disciplinar, veja-se a anotação ao artigo 123.º-A.

ARTIGO 170.º
Efeito

1. A interposição do recurso não suspende a eficácia do acto recorrido, salvo quando, a requerimento do interessado, se considere que a execução imediata do acto é susceptível de causar ao recorrente prejuízo irreparável ou de difícil reparação.

2. A suspensão é pedida ao tribunal competente para o recurso, em requerimento próprio, apresentado no prazo estabelecido para a interposição do recurso.

3. A secretaria notifica por via postal a autoridade requerida, remetendo-lhe duplicado, para responder no prazo de cinco dias.

4. O Supremo Tribunal de Justiça decide no prazo de dez dias.

5. A suspensão da eficácia do acto não abrange a suspensão do exercício de funções.

1. O recurso é interposto para o Supremo Tribunal de Justiça visto ser este o competente para dele conhecer – artigo 168.º – no prazo assinalado no artigo 169.º.

2. Dada a redacção do artigo 167.º-A, sobre os efeitos da reclamação e o disposto neste artigo, no seu n.º 5, a "reclamação", diferentemente

há-de ter efeito suspensivo total, isto é, abrangendo a suspensão do exercício de funções.

3. O recurso é interposto por meio de requerimento apresentado na secretaria do Conselho – n.º 1, do artigo 171.º.

Mas o requerimento em que se peça a suspensão da eficácia do acto recorrido é apresentada, como se deduz dos n.ᵒˢ 2, 3 e 4 deste artigo, na secretaria do Supremo Tribunal de Justiça, necessariamente, o competente a que o n.º 2 se refere.

A entrada do requerimento de "recurso" na secretaria do Conselho, fixa a data da sua interposição – n.º 2, do artigo 171.º.

Assim sendo, parece que devem simultaneamente ser apresentados, o requerimento de interposição do recurso, na secretaria do Conselho e o pedido de suspensão, na secretaria do Supremo Tribunal de Justiça...

4. A "autoridade requerida" a que se refere o n.º 3, deste artigo é necessariamente, o Conselho Superior da Magistratura – artigo 168.º, n.º 1.

5. Decidido favoravelmente, pelo Supremo Tribunal de Justiça o pedido de suspensão, o recurso passará a ter esse efeito, sem prejuízo, todavia, do especialmente disposto no n.º 5, deste artigo, ou seja, não abrangendo tal efeito suspensivo, a suspensão do exercício de funções.

ARTIGO 171.º
Interposição

1. O recurso é interposto por meio de requerimento apresentado na secretaria do Conselho, assinado pelo recorrente ou pelo seu mandatário.

2. A entrada do requerimento fixa a data da interposição do recurso.

1. Sobre o "prazo de interposição", veja-se o artigo 169.º e sua anotação.

2. Sobre "mandatário", veja-se a anotação ao artigo 119.º.

ARTIGO 172.º
Requisitos do requerimento

1. O requerimento deve conter a identificação do acto recorrido, os fundamentos de facto ou de direito, a indicação e o pedido de cita-

ção dos interessados que possam ser directamente prejudicados pela procedência do recurso, com menção das suas residências, quando conhecidas, e a formulação clara e precisa do pedido.

2. O requerimento deve ser instruído com o Diário da República em que tiver sido publicado o acto recorrido ou, na falta de publicação, com documento comprovativo do referido acto e demais documentos probatórios.

3. Quando o recurso for interposto de actos de "indeferimento tácito", o requerimento é instruído com cópia da pretensão.

4. Se, por motivo justificado, não tiver sido possível obter os documentos dentro do prazo legal, pode ser requerido prazo para a sua ulterior apresentação.

5. O requerimento deve ser acompanhado dos duplicados destinados à entidade recorrida e aos interessados referidos no número 1.

1. Sobre deliberações ou decisões sujeitas a publicação, veja-a anotação ao artigo 123.°-A.

2. Sobre "Indeferimento tácito" veja-se o n.° 3, do artigo 167.°.

3. O pedido de produção ulterior de prova documental – n.° 4, deste artigo deve ser formulado com o requerimento de interposição do recurso, a apresentar na secretaria do Conselho Superior da Magistratura.

Cabe a este remeter, ao Supremo Tribunal de Justiça, os papéis que se referem à interposição do recurso.

Os autos do processo que fora entretanto organizado no Conselho Superior da Magistratura serão enviados a quando da resposta desse Conselho (ou no prazo dela), nos termos do n.° 2, do artigo 174.°.

ARTIGO 173.°
Questões prévias

1. Distribuído o recurso, os autos vão com vista ao Ministério Público, por cinco dias, sendo em seguida conclusos ao relator.

2. O relator pode convidar o recorrente a corrigir as deficiências do requerimento.

3. Quando o relator entender que se verifica extemporaneidade, ilegitimidade das partes ou manifesta ilegalidade do recurso, fará uma breve e fundamentada exposição e apresentará o processo na primeira sessão sem necessidade de vistos.

1. A secção do Supremo Tribunal de Justiça, que julga, é a referida no n.º 2, do artigo 168.º.

2. O Supremo Tribunal de Justiça julgará definitivamente, isto claro, sem prejuízo do recurso para o Tribunal Constitucional, nos termos da respectiva legislação [1].

ARTIGO 174.º
Resposta

1. Quando o recurso deva prosseguir, o relator ordena o envio de cópias ao Conselho Superior da Magistratura, a fim de responder no prazo de dez dias.

2. Com a resposta ou no prazo dela o Conselho Superior da Magistratura remete o processo ali organizado ao Supremo Tribunal de Justiça, o qual é devolvido após o julgamento do recurso.

ARTIGO 175.º
Citação dos interessados

1. Recebida a resposta do Conselho Superior da Magistratura ou decorrido o prazo a ela destinado, o relator ordena a citação dos interessados referidos no n.º 1, do artigo 172.º para responder no prazo mencionado no número 1 do artigo anterior.

2. A citação é efectuada por carta registada com aviso de recepção, sendo os interessados ausentes em parte incerta citados editalmente.

1. Os interessados a que se refere o n.º 1, são aqueles que possam ser directamente prejudicados pela procedência do recurso.

2 A citação é pessoal, por via postal, e nos termos previstos no Código de Processo Civil, quer quanto às formalidades quer quanto ao momento em que se considera efectuada (artigos 236.º a 238.º, desse código).

---

[1] Sobre a matéria de recursos em processo civil, nomeadamente a legislação que regula a organização e competência do Tribunal Constitucional, pode ver-se, Álvaro Lopes--Cardoso, Manual dos Recursos em Processo Civil e Laboral, Livraria Petrony Lda, 1998.

A citação edital segue igualmente o regime do Código de Processo Civil (artigos 244.° e 248.° e seguintes)[1].

ARTIGO 176.°
Alegações

1. Juntas as repostas ou decorridos os respectivos prazos, o relator ordena vista por dez dias, primeiro ao recorrente e depois ao recorrido, para alegarem e, em seguida, ao Ministério Público, por igual prazo e para o mesmo fim.

1. A Lei n.° 143/99, de 31 de Agosto, que alterou o Estatuto dos Magistrados Judiciais, aprovado pela Lei n.° 21/85, de 30 de Julho (aliás, sucessivamente alterada) apenas modificou os prazos.

2. O "recorrido" é, obviamente o Conselho Superior da Magistratura – cfr. artigo 168.°.

3. Sobre a contagem de prazos, veja-se a anotação ao artigo 167.°.

ARTIGO 177.°
Julgamento

1. Decorridos os prazos mencionados no artigo anterior, o processo é concluso ao relator, que pode requisitar os documentos que considere necessários ou notificar as partes para os apresentarem.

2. Os autos correm, em seguida, pelo prazo de quarenta e oito horas, os vistos de todos os Juízes da secção, começando pelo imediato ao relator.

3. Terminados os vistos, os autos são conclusos ao relator por oito dias.

1. Sobre a "secção" do Supremo Tribunal de Justiça que conhece dos recursos interpostos de decisões do Conselho Superior da Magistratura, veja-se o n.° 2, do artigo 168.° e respectiva anotação.

---

[1] Sobre a matéria pode ver-se, Álvaro Lopes-Cardoso, *Citações e Notificações em Processo Civil e do Trabalho, seu Regime*, Almedina, 2.ª edição, 1997, pags. 29 e seguintes e pags. 56.° e seguintes.

2. Veja-se a anotação ao artigo seguinte (Lei subsidiária).

3. Os vistos podem ser dispensados quando o relator entenda que se verifica extemporaneidade, ilegitimidade das partes ou manifesta ilegalidade do recurso – n.º 3, do artigo 173.º.

ARTIGO 178.º
Lei subsidiária

São subsidiariamente aplicáveis as normas que regem os trâmites processuais dos recursos de contencioso administrativo interpostos para o Supremo Tribunal Administrativo

1. A Lei Orgânica do Supremo Tribunal Administrativo foi aprovada pelo Decreto-Lei n.º 40 768, de 8 de Setembro de 1956.

Hoje em dia todas as suas normas foram expressa ou tacitamente revogadas, mantendo-se o seu Regulamento (Decreto-Lei n.º 41 234, de 20 de Agosto de 1957) parcialmente em vigor, mas as suas normas foram sendo alteradas ou revogadas por numerosos diplomas.

A matéria que aqui especialmente interessa, acha-se, agora, basicamente regulada, nos Decretos-Lei n.º 129/284, de 27 de Abril (Estatuto dos Tribunais Administrativos e Fiscais), n.º 267/85, de 16 de Julho (Lei de Processo nos Tribunais Administrativos, que regulamenta o anterior), n.º 441/91, de 15 de Novembro (que aprova o Código do Procedimento Administrativo, alterado pelo Decreto-Lei n.º 6/96, de 31 de Janeiro).

2. O artigo 1.º, do Decreto-Lei n.º 267/85, de 16 de Julho (Lei de Processo nos Tribunais Administrativos) dispõe que:
"O processo nos tribunais administrativos rege-se pelo presente diploma, pela legislação para que ele remete e, supletivamente, pelo disposto na lei de processo civil, com as necessárias adaptações".

Assim, a "regra da continuidade dos prazos" é a que consta do artigo 144.º, do Código de Processo Civil e consideram-se adaptados a esta regra, os prazos cuja duração passou a ser fixada pelo artigo 6.º, do Decreto-Lei n.º 180/96, de 25 de Setembro, que alterou o Decreto-Lei n.º 329-A/95, de 12 de Dezembro (última revisão do Código de Processo Civil).

Por outro lado, o artigo 47.º do mesmo diploma dispõe que "o acto recorrido pode ser total ou parcialmente revogado, nos termos da lei, até ao prazo para a resposta ou contestação da autoridade recorrida".

SECÇÃO IV
Custas e preparos

ARTIGO 179.º
Custas e preparos

1. O recurso é isento de preparos.
2. O regime de custas é o que vigorar, quanto a recursos interpostos por funcionários, para o Supremo Tribunal Administrativo.

1. O Regime de Custas, em acções que corram termos pelo Supremo Tribunal Administrativo, é o do Código das Custas Judiciais, aprovado pelo Decreto-Lei n.º 224-A/98, de 26 de Novembro.

Quanto ao Regime de Custas nos Recursos interpostos para o Supremo Tribunal Administrativo, o diploma base, que sofreu, entretanto numerosas alterações, é a Tabela de Custas, aprovada pelo Decreto-Lei n.º 42 150, de 12 de Fevereiro de 1959.

CAPÍTULO XII
Normas finais e transitórias

É duvidoso que a maioria das disposições dos artigos 180.º e seguintes da Lei 21/85, de 30 de Julho mantenham algum interesse (e, seguramente, algumas não o têm), embora outras ainda o possam ter.

Todavia, não foram, agora, expressamente revogadas, até (pelo menos algumas), pela sua natureza transitória, conservando, em qualquer caso, interesse histórico.

Por isso se transcrevem.

ARTIGO 180.º
Antiguidade

1. A antiguidade dos magistrados judiciais, nomeadamente para o efeito do n.º 2, do artigo 22.º, compreende o tempo de serviço prestado na Magistratura do Ministério Público, ou de funções públicas que dessem acesso à magistratura judicial mediante consurso, incluindo o prestado como Subdelegado do Procurador da República licenciado em Direito.

2. São ressalvadas as posições relativas constantes da última lista definitiva de antiguidade anterior à data da entrada em vigor do presente diploma.

1. O n.º 2, do artigo 22.º, respeita a diuturnidades especiais.
2. Texto da Lei n.º 21/85, de 30 de Julho.

ARTIGO 181.º
Maraistrados Jubilados

1. É extensivo aos magistrados aposentados à data da entrada em vigor desta lei o estatuto de jubilado.
2. Os magistrados judiciais do extinto quadro do Ultramar consideram-se ligados ao Tribunal de correspondente categoria com jurisdição na área da sua residência.

1. O estatuto dos magistrados jubilados vem contemplado nos artigos 67.º e 68.º.
2. Texto da Lei n.º 21/85, de 30 de Julho.

ARTIGO 182.º
Eleição dos vogais do Conselho Superior da Magistratura

O Conselho Superior da Magistratura anuncia a data das eleições para o Conselho e adopta as providências organizativas necessárias à boa execução do processo eleitoral até 30 de Setembro de 1985, realizando-se as eleições no sexagésimo dia posterior à publicação do anúncio.

1. Texto da Lei n.º 21/85, de 30 de Julho.

ARTIGO 183.º
Conselho Superior da Magistratura

Os actuais membros do Conselho Superior da Magistratura mantêm-se em funções, ainda que expirado o respectivo mandato, até à entrada em funções do Conselho Superior da Magistratura constituído nos termos da presente lei.

1. Texto da Lei n.º 21/85, de 30 de Julho.

ARTIGO 184.º
Encargos

Os encargos resultantes da aplicação dos artigos 17.º, n.º 1, alínea *d*), 23.º, 24.º e 29.º, n.º 2 são suportados pelo Cofre Geral dos Tribunais.

1. A alínea *d*), do n.º 1, do artigo 17.º, refere-se ao telefone em regime de confidencialidade; o artigo 23.º, à participação emolumentar; o artigo 24.º, ao subsídio de fixação e o n.º 2, do artigo 29.º, ao subsídio de compensação no caso de, os magistrados, não terem ou não habitarem, casa de habitação, mobilada fornecida pelo Estado.

2. Texto da Lei n.º 21/85, de 30 de Julho.

ARTIGO 185.º
Isenções

O Conselho Superior da Magistratura goza de isenção de selo e de quaisquer impostos, prémios, descontos ou percentagens nos depósitos, guarda, transferência e levantamentos de dinheiro efectuados na Caixa Geral de Depósitos.

1. Texto da Lei n.º 21/85, de 30 de Julho.

ARTIGO 186.º
Providências orçamentais

O Governo fica autorizado a adoptar as providências orçamentais necessárias à execução do presente diploma.

1. Texto da Lei n.º 21/85, de 30 de Julho.

ARTIGO 187.º
Ressalvas

1. Mantém-se em vigor o disposto no artigo 196.º, n.ºˢ 1, 2 e 3, da Lei n.º 85/87, de 13 de Dezembro e no artigo 2.º, n.º 1, do Decreto-Lei n.º 402/75, de 25 de Julho.
2. As normas constantes do artigo 43.º, n.ºˢ 3, 4 e 5, da Lei n.º 85/77, de 13 de Dezembro, mantém-se em vigor até à data do início da vigência prevista no artigo 189.º, n.º 2, do presente Estatuto.
3. A entrada em vigor do presente Estatuto não prejudica a situação dos magistrados judiciais decorrentes de nomeações anteriores.

1. A Lei n.º 85/77, de 13 de Dezembro, aprovou o Estatuto dos Magistrados Judiciais, anterior à Lei n.º 21/85, de 30 de Julho, que aprovou o actual Estatuto dos Magistrados Judiciais, e veio a ser sucessivamente alterada, sendo a sua sexta alteração a efectuada pela lei n.º 143/99, de 31 de Agosto.

O seu artigo 196.º, refere-se à antiguidade relativa dos magistrados oriundos do extinto quadro do Ultramar.

O seu artigo 43.º, refere-se a "condições de transferência" e foi mantido em vigor apenas até à entrada em vigor daquela Lei n.º 21/85.

O Decreto-Lei n.º 402/75, de 25 de Julho, contempla o ingresso dos magistrados do Ultramar, no quadro da magistratura metropolitana.

2. Texto da Lei n.º 21/85, de 30 de Julho.

ARTIGO 188.º
Integração definitiva na magistratura

Aos substitutos dos Juízes de Direito dos Tribunais de Instrução Criminal em exercício à data da entrada em vigor da presente lei é assegurada a admissão ao Centro de Estudos Judiciários, com dispensa de testes de aptidão se obtiverem a classificação mínima de Bom em inspecção para o feito realizada.

1. Texto da Lei n.º 21/85, de 30 de Julho.

ARTIGO 189.º
Entrada em vigor

1. A presente lei entra em vigor no dia imediato ao da sua publicação, sem prejuízo do disposto nos números seguintes.

2. As normas constantes dos n.ᵒˢ 2, 3 e 4, do artigo 43.º e do n.º 4, do artigo 44.º, entram em vigor com o início da vigência da lei orgânica dos tribunais judicias, a publicar.

3. O disposto no n.º 1, do artigo 22.º, produz efeitos a partir do primeiro dia dos mês seguinte ao da entrada em vigor desta lei.

1. A "lei orgânica dos tribunais judiciais, a publicar" a que se refere este artigo veio a ser a Lei n.º 38/87, de 23 de Dezembro, que foi revogada pela Lei n.º 3/99, de 13 de Janeiro – Lei de Organização e Funcionamento dos Tribunais Judiciais, que entrou em vigor com a entrada em vigor do Decreto-Lei n.º 186-A/99, de 31 de Maio que a regulamenta (alterado já pelo Decreto-Lei n.º 290/99, de 30 de Julho).

2. Texto da Lei n.º 21/85, de 30 de Julho.

ADENDA I

PROPOSTA DE LEI N.º 276/VII
ALTERA A LEI N.º 21/85, DE 30 DE JULHO
(ESTATUTO DOS MAGISTRADOS JUDICIAIS)

Exposição de motivos

A presente proposta de lei altera a Lei n.º 21/85, de 30 de Julho (Estatuto dos Magistrados Judiciais), que abreviadamente será designada por EMJ.

O EMJ sofreu alterações de certo relevo pela Lei n.º 10/94, de 5 de Maio, e alterações ligeiras pelo Decreto-Lei n.º 342/88, de 28 de Setembro, e pelas Leis n.ºs 2/90, 44/96 e 81/98, respectivamente, de 20 de Janeiro, de 3 de Setembro e de 3 de Dezembro.

As alterações contidas no que ora se propõe radicam, em primeira linha, na necessidade de adequação do EMJ à nova Lei de Organização e Funcionamento dos Tribunais Judiciais, a Lei n.º 3/99, de 13 de Janeiro. Com efeito, e a título exemplificativo, sublinha-se a eliminação de uma das três categorias de comarcas ou lugares na 1.ª instância, agora reduzidos ao primeiro acesso e ao acesso final, bem como a conveniência de consagrar normas estatutárias que apenas se inseriram, como disposições finais e transitórias, na Lei Orgânica para se evitar situações de vazio legislativo. Por outro lado, soluções comuns, adoptadas para a magistratura do Ministério Público pelo seu recente Estatuto (a Lei n.º 60/98, de 27 de Setembro), reclamam, para salvaguarda do paralelismo, a sua inserção no Estatuto dos Magistrados Judiciais.

Aproveita-se o ensejo, de encontro, aliás, ao sugerido por diversas entidades responsáveis, *maxime* o Conselho Superior da Magistratura, para, sem quebra de garantias, se acelerar e imprimir eficácia ao procedimento disciplinar, em que as referidas garantias não raramente incorrem em garantismo excessivo.

Sublinha-se ainda, neste domínio, a regra do efeito meramente devolutivo do recurso das deliberações do Conselho Superior da Magistratura, com a única excepção do prejuízo irreparável ou de difícil reparação da execução imediata do acto; mesmo neste último caso, a suspensão da eficácia não abrange a suspensão do exercício de funções (artigo 170.°). Amplia-se ainda a moldura da pena disciplinar de multa, cujo máximo se eleva de 30 para 90 dias (artigo 87.°). Em área contígua, fica estabelecida a suspensão de funções dos magistrados judiciais no dia em que lhes for notificada a atribuição da classificação de "Medíocre" (artigo 71.°, alínea *d*)).

Pontualmente, e pela ordem do articulado:

a) Passa a remunerar-se, nos termos da lei geral, o suplemento pela execução de serviço urgente, aos sábados e aos feriados que não recaiam em domingo (artigo 23.°-A);

b) Valorizam-se a gestão do serviço e a capacidade de simplificação dos actos processuais como elementos a considerar na classificação de serviço dos juízes;

c) Permite-se, a pedido dos interessados, a inspecção ao serviço dos juízes das relações que previsivelmente sejam concorrentes necessários ao acesso ao Supremo Tribunal de Justiça, sem prejuízo de inspecção por iniciativa do Conselho Superior da Magistratura;

d) Estabelecem-se regras mais rígidas para a duração das comissões de serviço;

e) Cria-se a obrigação do envio anual, pelo Conselho Superior da Magistratura, à Assembleia da República do relatório da sua actividade, com publicação no Diário da Assembleia da República;

f) Prevê-se, no âmbito do Conselho Superior da Magistratura, que a competência delegada no seu vice-presidente possa ser por este subdelegada nos vogais a prestar serviço em tempo integral, para mais eficaz funcionamento desse órgão;

g) Dota-se o Conselho de um corpo de assessores para sua coadjuvação, a exemplo do que se verifica com o Supremo Tribunal de Justiça.

Assim, nos termos da alínea *d*) do artigo 197.° da Constituição, o Governo apresenta à Assembleia da República a seguinte proposta de lei para ser aprovada e valer como lei geral da República.

ADENDA II

REGULAMENTO DAS INSPECÇÕES JUDICIAIS

(Deliberação n.º 833/99, do Plenário do Conselho Superior da Magistratura, de 19 de Outubro de 1999, Diário da República, 2.ª Série, de 10 de Novembro de 1999).

I. DAS INSPECÇÕES

ARTIGO 1.º
Os serviços de inspecção

1. As inspecções destinam-se a facultar ao Conselho Superior da Magistratura o conhecimento sobre a prestação efectuada pelos juízes e o estado em que se encontram os tribunais inspeccionados designadamente quanto ao preenchimento e eficiência dos quadros de magistrados, ao movimento processual, à instalação desses serviços e à habitação dos magistrados.

2. Os serviços de inspecção não podem interferir com a independência dos magistrados judiciais, nomeadamente pronunciando-se quanto ao mérito substancial das decisões judiciais mas devem, porém averiguar das necessidades de implementação de medidas que conduzam a uma melhoria dos serviços e facultar aos juízes todos os elementos para uma reflexão dos próprios quanto à correcção dos procedimentos anteriormente adaptados, tendo em vista o aperfeiçoamento e uniformização dos serviços judiciais, colocando-os ao corrente das práticas processuais e administrativas mais correctas, actualizadas ou convenientes à obtenção de uma mais célere administração da justiça.

ARTIGO 2.º
Espécies de inspecções

Haverá duas espécies de inspecções:
a) Ordinárias;
b) Extraordinárias.

ARTIGO 3.º
Finalidades das inspecções ordinárias

Incumbe aos serviços de inspecção:
a) Recolher e transmitir ao Conselho Superior da Magistratura indicações completas sobre o modo como os tribunais inspeccionados funcionaram durante o período abrangido pela inspecção, registando as anomalias e deficiências verificadas;
b) Apontar as necessidades e carências que forem detectadas nos tribunais, sugerindo as providências adequadas ao seu suprimento;
c) Em cada inspecção, informar-se acerca da prestação dos magistrados que estejam ou tenham estado colocados no tribunal ou juízo inspeccionado.

ARTIGO 4.º
Periodicidade

1. As inspecções ordinárias devem efectuar-se com uma periodicidade, em regra, de quatro anos, visando cada tribunal, juízo ou serviço judicial no seu conjunto.
2. Tendo em vista sobretudo a finalidade prevista no n.º 2 do artigo 1.º, realizar-se-á uma inspecção ao serviço prestado por cada juiz, logo que decorrido um ano de exercício efectivo de funções.

ARTIGO 5.º
Âmbito

1. Para efeitos de classificação, deverão os inspectores apreciar todo o serviço anterior que ainda não tenha sido apreciado para tal

finalidade, podendo servir-se também dos conhecimentos adquiridos em inspecção não classificativa anterior.

2. A realização de inspecção ordinária classificativa dos juízes de direito deverá ser-lhes comunicada, sempre que possível, com uma antecipação de 30 dias.

3. Fora da situação prevista no n.° 2 do artigo 4.°, a inspecção referida no número anterior não deverá, por regra, ser efectuada antes do decurso dos primeiros dois anos de permanência dos juízes nos respectivos tribunais.

4. A pedido devidamente fundamentado do juiz pode o Conselho Superior da Magistratura antecipar ou retardar a inspecção ordinária classificativa.

ARTIGO 6.°
Casos especiais de inspecção ordinária

1. Os serviços desempenhados por juízes de direito, por prazo inferior a dois anos, incluindo neste as férias judiciais, serão apreciados em inspecção ordinária se se verificarem, cumulativamente, os seguintes requisitos:

a) O volume e a qualidade do serviço permitirem uma segura avaliação do seu mérito;

b) O período sob inspecção do serviço não for inferior a 11 meses incluídas as férias judiciais.

2. Para complementar o período a que se refere o n.° 1 deste artigo, deve ser atendido o tempo de serviço, abrangido por inspecção anterior, caso da mesma não tenha resultado classificação do juiz nela visado.

ARTIGO 7.°
Inspecções extraordinárias

1. As inspecções extraordinárias terão lugar

a) Por iniciativa do Conselho Superior da Magistratura ou a requerimento dos interessados a fim de apreciar a prestação de juízes de direito cuja última inspecção tenha incidido sobre serviço efectuado há mais de três anos;

b) Quando o Conselho Superior da Magistratura, por outro motivo, entenda dever ordená-las e com o âmbito que, em cada caso, lhes fixar.

2. A decisão de efectuar a inspecção extraordinária será de imediato comunicada ao inspector da área onde os requerentes prestam ou prestaram serviço.

3. As inspecções referidas nos números anteriores terão lugar independentemente da inspecção ordinária periódica ao serviço, se não estiver prevista a realização desta no decurso de 12 meses subsequentes, incluindo as férias judiciais, ou ainda se for justificada por motivo ulgente.

4. As inspecções extraordinárias estão sujeitas às restrições contidas nas alíneas *a)* e *b)* do artigo 6.°, n.° 1, deste Regulamento.

5. A inspecção a juízes em comissão de serviço não judicial só será realizada se a mesma implicar o exercício de funções de índole predominantemente jurídica.

ARTIGO 8.°
Inspecções extraordinárias a requerimento

1. Podem, ainda, requerer inspecção extraordinária ao seu serviço os juízes de direito cuja última classificação seja inferior a *Bom,* completado que tiverem 18 meses de serviço, incluindo as férias judiciais.

2. Apresentado o requerimento, proceder-se-á de forma análoga à prescrita no n.° 2 do artigo anterior.

ARTIGO 9.°
Planificação das inspecções

1. Durante o mês de Dezembro de cada ano a secretaria do Conselho Superior da Magistratura, face aos elementos informáticos disponíveis, relacionará os juízes de direito mencionando a sua última classificação de serviço, data da respectiva atribuição e período de tempo a que respeita.

2. No início de cada ano judicial o Conselho Superior da Magistratura elaborará o plano anual das inspecções a realizar, ouvidos os inspectores judiciais.

II. DO PROCESSO DE INSPECÇÃO

ARTIGO 1.º
Critérios de avaliação

1. A inspecção dos magistrados judiciais incidirá sobre as suas capacidades humanas para o exercício da profissão, a sua adaptação ao tribunal ou serviço a inspeccionar c a sua preparação técnica.

2. No tocante à capacidade humana para o exercício da função a inspecção levará globalmente em linha de conta, entre outros factores:

a) A idoneidade cívica;

b) A independência, isenção e dignidade da conduta

c) O relacionamento com sujeitos e intervenientes processuais, outros magistrados, advogados, outros profissionais forenses funcionários judiciais e público em geral;

d) A capacidade de compreensão das situações concretas em apreço e sentido de justiça, face ao meio sócio-cultural onde a função é exercida;

e) A capacidade e dedicação na formação de magistrados.

3. A adaptação ao serviço será analisada, entre outros, pelos seguintes factores:

a) Bom senso

b) Assiduidade, zelo e dedicação;

c) Produtividade;

d) Método;

e) Direcção do tribunal, das audiências e outras diligências designadamente quanto à pontualidade e calendarização destas.

4. Na análise da preparação técnica a inspecção tomará globalmente em linha de conta, entre outros, os seguintes factores:

a) Categoria intelectual;

b) Capacidade de apreensão das situações jurídicas em apreço;

c) Capacidade de convencimento decorrente da qualidade da argumentação utilizada na fundamentação das decisões, com especial realce para a original;

d) Nível jurídico do trabalho inspeccionado apreciado essencialmente pela capacidade de síntese na resolução das questões, senso prático e jurídico, ponderação e conhecimetos revelados pelas decisões.

ARTIGO 11.º
Elementos e conclusões do relatório

1. Por cada conjunto de elementos descritos nos n.ºs 2, 3 e 4 do artigo anterior o inspector fará constar do relatório a sua apreciação, concretizando-a com a respcectiva matéria factual e fundamentando especialmente as referências desfavoráveis.

2. A classificação a propor ao Conselho Superior da Magistratura formar-se-á através da ponderação global das apreciações referidas no número anterior e exprimir-se-á de acordo com o estipulado no Estatuto dos Magistrados Judiciais.

ARTIGO 12.º
Outros elementos de avaliação

1. Na classificação dos magistrados judiciais, além do relatório elaborado sobre a inspecção respectiva, serão sempre considerados os resultados das inspecções anteriores, bem como inquéritos, sindicâncias ou processos disciplinares, relatórios, informações e quaisquer elementos complementares, referentes ao tempo e lugar a que a inspecção respeita e que estejam na posse do Conselho Superior da Magistratura.

2. Serão ponderadas as circunstâncias em que decorreu o exercício de funções, designadamente condições de trabalho, volume de serviço, particulares dificuldades do exercício de função, acumulação de comarcas ou juízos, participação como vogal de tribunal colectivo e o exercício de outras funções legalmente previstas ou autorizadas.

3. Aos juízes de direito com exercício cumulativo de funções em mais de uma comarca – ainda que agregada – ou juízo será atribuída, em regra, uma única classificação pelo serviço que nos diferentes lugares tenham prestado, o qual, para o efeito, deve ser inspeccionado em conjunto.

ARTIGO 13.º
Critérios limitativos e efeitos das classificações

1. *a*) A atribuição de *Suficiente* equivale ao reconhecimento de que o juiz de direito possui as condições indispensáveis para o exercício do cargo e que o seu desempenho foi satisfatório.

b) A atribuição de *Bom* equivale ao reconhecimento de que o juiz possui qualidades a merecerem realce para o exercício daquele cargo nas condições em que desenvolveu a actividade.

c) A atribuição de *Bom com distinção* equivale ao reconhecimento de um desempenho meritório ao longo da respectiva carreira.

d) A atribuição de *Muito bom* equivale ao reconhecimento de um desempenho elevadamente meritório ao longo da respectiva carreira.

e) Salvo casos excepcionais, a primeira classificação não deve ser superior a *Bom*.

f) A melhoria de classificação deve ser gradual, não se subindo mais de um escalão, de cada vez, sem prejuízo dos casos excepcionais, não podendo, porém ser decorrência da antiguidade do juiz.

g) Só excepcionalmente se deve atribuir a nota de *Muito bom* a juízes de direito que ainda não tenham exercido efectivamente a judicatura durante 10 anos e desde que o elevado mérito se evidencie manifestamente pelas suas qualidades pessoais e profissionais.

h) A classificação de *Medíocre* implica a suspensão do juiz de direito e a instauração de inquérito para averiguar da eventual inaptidão para o exercício do respectivo cargo.

2. A classificação relativa ao serviço posterior desactualiza a referente a serviço anterior, mas não prejudica a realização de inspecção a este e de atribuição da respectiva notação.

ARTIGO 14.º
Elementos a utilizar pelo inspector

1. Para alcançarem os fins em vista, devem as inspecções utilizar, em especial, os seguintes meios de conhecimento:

a) Elementos em poder do Conselho Superior da Magistratura a respeito do tribunal, juízo ou serviço visado, designadamente o processo de inspecção anterior, mesmo que não tenha tido incidência classificativa;

b) Registo biográfico e disciplinar dos juízes de direito e conteúdo das anteriores decisões atributivas de classificação;

c) Exame de processos, livros e papéis, quer findos quer pendentes;

d) Estatística do movimento processual;

e) Conferência de processos;

f) Vista das instalações;

g) Trabalhos apresentados pelos juízes de direito, até ao máximo de 10, fora do âmbito de classificações anteriores;

h) Os esclarecimentos que entenda por conveniente solicitar ao juiz inspeccionado.

2. Os juízes inspeccionados podem dar ao inspector conhecimento de determinados actos, diligências, provimentos, ordens ou determinações processuais ou administrativas por forma a habilitá-lo a uma melhor apreciação do serviço e do magistrado.

ARTIGO 15.º
Do relatório final e trâmites posteriores

1. Finda a inspecção, deve ser elaborado o correspondente relatório, dentro de 30 dias, que podem ser prorrogados por despacho do vice-presidente.

2. No caso de inspecção extraordinária ou de inspecção a que alude o artigo 4.º, n.º 2, o relatório dela focará os aspectos que correspondam à sua concreta finalidade.

3. Tratando-se de inspecção ordinária, fora dos casos previstos no artigo 4.º, n.º 2, o relatório será dividido em duas partes, a pri-

meira referente ao estado dos serviços e a segunda ao mérito dos magistrados abrangidos pela inspecção.

4. Quando se apreciar o mérito, além de se fazer referência concreta a todos os factos em que este se fundamentar, será referido o tempo de efectivo serviço na judicatura.

5. Todos os relatórios terão, no final da parte respeitante ao estado dos serviços, conclusões que resumam as verificações feitas e as providências sugeridas e, no termo da parte referente aos méritos dos magistrados, a proposta de classificação.

6. A proposta de classificação deverá ser inequívoca, fundamentada de acordo com o disposto nos artigos 10.º a 12.º, e representar a apreciação global dos magistrados inspeccionados face à classificação que se propõe.

7. Logo após a elaboração do relatório, os inspectores judiciais dele darão conhecimento aos juízes de direito cujo mérito tenham apreciado, fixando-lhes o prazo entre 10 e 15 dias para usarem do seu direito de resposta, juntarem elementos e requererem as diligências que tiverem por convenientes.

8. Em seguida às diligências complementares que considerem úteis, os inspectores judiciais poderão prestar uma informação final apenas sobre a matéria das respostas, enviando todo o expediente ao Conselho Superior da Magistratura dentro de 30 dias improrrogáveis.

9. Sempre que se verifiquem deficiências no serviço não imputáveis aos magistrados judiciais inspeccionados, o inspector concretiza-las-á, no seu relatório, por forma a que o Conselho Superior da Magistratura possa tomar as providências tidas por convenientes. Neste caso, a sua concretização deverá ser feita em texto facilmente destacável e sob epígrafe própria.

10. Sempre que as circunstâncias o exijam, será imediatamente elaborado e enviado ao Conselho Superior da Magistratura relatório sobre o estado do serviço e propostas das providências a adoptar.

ARTIGO 16.º
Elementos a juntar ao prucesso

1. O relatório da inspecção ordinária deve ser acompanhado dos elementos necessários para instruí-lo, nomeadamente de:

a) Relação dos juízes de direito abrangidos;
b) Certificado do seu registo disciplinar;
c) Nota dos processos que não foram encontrados:
d) Relação dos elementos a que alude a alínea; *b)* do artigo 14.º;
e) Trabalhos apresentados pelos juízes de direito;
f) Respostas que os juízes de direito ofereçam à inspecção sobre o seu mérito.

2. O disposto no número anterior é aplicável ao relatório das inspecções extraordinárias, na medida em que se ajuste ao seu fim.

ARTIGO 17.º
Confidencialidade e certidões

1. O processo de inspecção tem natureza confidencial, devendo a classificação ser registada no respectivo livro individual.

2. O disposto no número anterior não impede que em qualquer fase do processo sejam passadas certidões, a pedido do inspeccionado, em requerimento dirigido ao Conselho Superior da Magistratura.

ARTIGO 18.º
Medidas urgentes

1. Havendo necessidade de propor medidas urgentes, devem os inspectores sugeri-las ao Conselho Superior da Magistratura, ainda antes de ultimado o processo de inspecção.

2. Os elementos necessários ao trabalho de inspecção serão solicitados directamente pelos inspectorws judiciais a quem deva fornecê-los.

ARTIGO 19.º
Comunicação prévia

1. Com a necessária antecedência o inspector dará conhecimento, por ofício, da data provável de qualquer inspecção judicial ao juiz presidente do tribunal a inspeccionar, devendo este magistrado providenciar pela instalação dos serviços de inspecção.

2. Os presidentes dos tribunais a inspeccionar providenciarão pela colaboração a ser prestada pelas secretarias e secções de processos.

ARTIGO 2.º
Deliberação

A deliberação que atribua uma classificação deve fazer referência expressamente ou por remissão para o relatório em que se baseie e a todos os elementos que nela tenham influído.

III. DOS INSPECTORES

ARTIGO 21.º

1. As inspecções serão efectuadas pelos inspectores judiciais. cada um deles coadjuvado por um secretário de inspecções.
2. As que abranjam magistrados não poderão ser feitas por inspectores de categoria ou antiguidade inferior às dos inspeccionados.
3. Quando todos os inspectores tiverem categoria ou antiguidade inferior à de algum magistrado abrangido pela inspecção ou quando se verifiquem circunstâncias excepcionais que isso imponham será esta atribuída pelo Conselho Superior da Magistratura a outro magistrado judicial, ainda que jubilado, que não esteja nessas condições.
4. O magistrado chamado a funções de inspecção, nos termos do n.º 3 deste artigo, será coadjuvado por um secretário de inspecção designado como eventual.

ARTIGO 22.º
Designações

1. Os inspectores judiciais são designados de entre juízes da relação ou, excepcionalmente, entre juízes de direito com mais de 15

anos de efectivo serviço na magistratura, que possuam reconhecidas qualidades de isenção, bom senso, formação intelectual, preparação técnica, relacionamento humano e capacidade de orientação e cuja última classificação tenha sido *Muito bom*.

2. Para as inspecções previstas no artigo 37.°-A da Lei n.° 21/85 serão designados juízes conselheiros.

3. A designação pertence ao plenário do Conselho Superior da Magistratura, por escrutínio secreto, se assim for deliberado.

ARTIGO 23.°
Secretários

1. Os secretários de inspecção são escolhidos de entre oficiais de justiça, com classificação actualizada de mérito, que possuam reconhecidas qualidades de isenção, bom senso e relacionamento humano.

2. Na sua escolha ter-se-á ainda em conta a anuência do inspector a quem o secretário coadjuvará e a deste.

ARTIGO 24.°
Distribuição de serviço

1. O serviço de inspecções, inquéritos, sindicâncias, processos disciplinares, revisões e reabilitações deve ser atribuído equitativamente aos inspectores judiciais.

2. Pode o Conselho Superior da Magistratura, sempre que o entenda necessário, designar um magistrado judicial para praticar os actos referidos no número anterior.

3. Os inquéritos, sindicâncias e processos disciplinares decorrentes de uma inspecção ou que com ela se possam relacionar, devem ser atribuídos a inspector diverso daquele que a tenha feito.

4. Quando se verifique relativamente a algum inspector impedimento, suspeição ou escusa justificada, a sua substituição e escusa serão asseguradas por despacho do presidente ou do vice-presidente e comunicado aos magistrados interessados.

ARTIGO 25.º
Áreas de inspecção

1. Os tribunais ou serviços sujeitos a inspecção ordinária serão repartidos por tantos grupos quantos os inspectores judiciais e áreas, de forma a que a cada grupo caiba tendencialmente o mesmo volume de serviço.
2. Cada inspector exercerá, durante um período de três anos, as suas funções numa área determinada.
3. A atribuição das áreas a que se refere o n.º 1 far-se-á no mês de Dezembro anterior ao início de cada triénio, em reunião a efectuar entre o Conselho Superior da Magistratura e os inspectores judiciais.
4. O serviço do juiz de círculo será inspeccionado simultaneamente pelo inspector judicial que efectuar a inspecção ordinária à comarca sede do círculo respectivo ou à comarca de maior movimento onde ele exerça funções, caso não esteja habitualmente afecto à da sede.
5. O inspector poderá solicitar a realização de diligências a inspector de uma outra área.

ARTIGO 26.º

O presidente pode autorizar entre os inspectores judiciais a permuta de grupos de tribunais ou serviços do mesmo ou de grupos diferentes.

ARTIGO 27.º

1. Todas as normas de execução permanente transmitidas aos serviços judiciais devem ser também circuladas aos inspectores judiciais, para seu conhecimento.
2. A secretaria do Conselho Superior da Magistratura, por intermédio do juíz-secretário, dará conhecimento aos inspectores judiciais respectivos dos acórdãos e demais deliberações que sobre os seus processos tenham recaído.

ARTIGO 28.º

Tendo em vista a uniformização de práticas e de critérios, a análise de problemas que se levantem e, em geral, tudo o que interesse ao aperfeiçoamento dos serviços de inspecção, haverá reuniões periódicas dos inspectores com o Conselho Superior da Magistratura, que serão convocados, pelo menos, duas vezes por ano.

ARTIGO 29.º
Norma revogatória

Ficá revogado o Regulamento das Inspecções Judiciais aprovado por deliberação de 19 de Dezembro de 1995 e publicado no *Diário da República* 2.ª série, de 8 de Maio de 1996.

27 de Outubro de 1999.
O Juiz-Secretário, *Alexandre Reis*.

ÍNDICE ANALÍTICO

A

Abandono de lugar – art. 60.°, n.° 2, 95.°, n.° 2
Abandono de lugar – auto – art. 125.°
– presunção de intenção – art. 126.°
Acesso, primeiro – art. 43.°, n.°2
Acesso à informação – art. 12.°
Acesso ao Supremo Tribunal de Justiça – art. 50.°
Acesso final – art. 43.°
– colocação de Juízes de Direito – art. 44.°, n.° 4 e 5
– recusa de colocação – art. 43.°, n.° 3
Actividades político-partidárias – art. 11.°
Acumulação de cargos – remunerações – art. 1.°, nota
Advertência – (pena de) – casos de aplicação – art. 91.°
Advertência -(pena de) arts. 85.°, n.ᵒˢ 1, a), 4 e 5
Advertência (pena de) em que consiste – art. 86.°
Advocacia – exercício – art. 19.°
Ajudas de custo – arts. 27.°, 148.°
Amnistia – art. 85.°, n.° 3
Antiguidade – contagem de tempo de serviço – art. 73.°, 75.°
– lista – arts. 76.°, 77.°, n.° 1
– situação de disponibilidade – art. 80.°, n.° 2
– na categoria – art. 72.°
Aposentação – direito subsidiário – art. 69.°
– participação emolumentar – art. 23.°, n.° 2
– por incapacidade – art. 65.°
– tempo de serviço – art. 73.°
– (direito à) – efeitos da pena de demissão – art. 107.°, n.°2

Aposentação compulsiva (pena de) – art. 85.°, n.°1, f)
– em que consiste – art. 90.°
– casos de aplicação – art. 95.°
– efeitos – art. 106.°
Aposentação – penas aplicáveis a aposentados – art. 100.°
Aposentação por incapacidade – efeitos – art. 66.°
Aposentação voluntária – art. 64.°
Assembleia da República – designação de vogais do C.S.M. – art. 137.°, n.° 1, b)
– envio do relatório do C.S.M. para – art. 149.°-A
Assessores – art. 56.° n.°1, f), 150.°-A, n.° 3
Ausência – arts. 9.°, 158.°, n.° 1, c)
Ausência – contagem de tempo de serviço – art. 73.°, n.° 1, h)
Ausência ilegítima – art. 10.°, n.° 5
Ausência ilegítima – contagem de tempo de serviço – art. 74.°, c)
Ausência para gozo de férias – art. 28.°, n.° 3
Autorização de residência – art. 8.°

B

Bolseiros – art. 10.°-A
Busca no domicílio pessoal ou profissional – art. 16.°, n.° 4

C

Caixa Geral de Aposentações – art. 64.°
Cargos políticos -art. 11.°
Casa de habitação – art. 29.°
– contra-prestação mensal – art. 30.°
– mobiliário – responsabilidade – art. 31.°

Centro de Estudos Judiciais – art. 56.°, n.° 1, b)
Cessação de funções – art. 70.°
Classificação de "Medíocre" – art. 34.°, 71.°, d)
Classificações – critérios e efeitos – art. 34.°
— elementos a considerar – art. 37.°
— periodicidade – art. 36.°
Classificações dos Juízes das Relações – art. 37.° – A
Classificações dos Juízes de Direito – art. 33.°
Classificações dos Juízes em comissão de serviço – art. 35.°
Código de Processo Penal – art. 131.°
Colocação de Juízes de Direito – art. 44.°
— em lugares de acesso final – art. 44.°, n.° 4
— em tribunais de competência especializada – art. 44.°, n.° 2
— preferências – art. 44.°
Comissão de serviço – arts. 35.°, 43.°, 80.°, n.° 1, a)
— autorização – art. 53.°
— natureza – art. 54.°
— de natureza judicial – arts. 55.°, 56.°
— ordinária – arts. 53.° a 57.°, 63.°
— eventual – art. 57.°
— prazo – art. 57.°
Conselho Superior da Magistratura – arts. 51.°, n.ºˢ 1 e 3, 53.°
— definição – art. 136.°
— composição – art. 137.°
— competência – art. 149.°
— competência – revisão de penas – art. 129.°
— competência disciplinar – art. 111.°
— correcção de erros materiais – lista de antiguidade – art. 79.°
— Presidente – art. 137.°, n.° 1
— Presidente – competência – art. 153.°
— Presidente – competência delegada – art. 158.°
— Vice-Presidente – arts. 138.°, n.° 1, 150.°, n.° 3, b), 153.°, n.° 1, b) e c)
— Vice-Presidente – competência – art. 154.°
— Secretário – art. 138.°, n.ºˢ 2 e 3
— Secretário -competência – art. 155.°
— Vogais – arts. 137.°, n.° 2, 139.°
— Vogais – Listas para eleição – art. 144.°
— Vogais – princípios eleitorais – art. 140.°
— Vogais – exercício dos cargos – art. 147.
— Vogais – estatuto – art. 148.°
— Vogais em tempo integral – remunerações – art. 148.°, n.ºˢ 2 e 3
— Vogais com redução de serviço no cargo de origem – art. 148.°, n.° 2
— Vogais – senhas de presença ou subsídios – art. 148.°, n.° 4
— Vogais – ajudas de custo – art. 148.°, n.° 4
— Vogais relatores – art. 159.°, n.ºˢ 2, 3, 4 e 5
— Vogais do Conselho Permanente – art. 150.°, n.° 3, e)
— Distribuição de lugares – art. 142.°
— Comissão de eleições – art. 143.°
— Comissão de eleições – competência – art. 144.°
— Contencioso eleitoral – art. 145.°
— Processo eleitoral – providências – art. 146.°
— Estatuto dos membros do C.S.M. – art. 148.°
— Competência – arts. 149.°, 160.°, n.° 3
— Relatório de actividades – art. 149.°-A
— Funcionamento – art. 150.°
— Plenário – constituição -art. 150.°, n.ºˢ 1 e 2
— Plenário – competência – arts. 151.°, 165.°, 166.°
— Plenário – funcionamento – art. 156.°
— Conselho Permanente
— constituição – art. 150.°, n.ºˢ 1 e 3
— competência – art. 152.°
— competência delegada – art. 152.°, n.° 2
— funcionamento – art. 157.°
— reclamações de deliberações – art. 165.°
— assessores – art. 150.°-A

– Distribuição de processos – art. 159.°
– Secretaria – art. 163.°
Contagem de tempo em comissão de serviço – art. 58.°
Culpa – art. 82.°, 96.°, 97.°
Culpa grave – art. 5.°
Cursos de formação – arts. 41.°, 42

D

Decisões disciplinares – revisão – art. 127.°
– processo – art. 128.°
– tramitação – art. 129.°
– procedência da revisão – art. 130.°
Declarações ou comentários sobre processos – art. 12.°, n.° 1
Demissão (pena de) – art. 85.°, n.° 1, g)
– em que consiste – art. 90.°
– casos de aplicação – art. 95.°
– efeitos – art. 107.°
Despesas de deslocação – arts. 26.°, 28.°, n.° 6
Despesas de representação – art. 25.°
Detenção – art. 16
Dever de reserva – art. 12.°
Deveres – disposições subsidiárias – art. 32.°
Direito disciplinar subsidiário – art. 131.°
Direito subsidiário ver recursos – art. 178.°
Direitos – disposições subsidiárias – art. 32.°
Direitos especiais – art. 17.°
Dispensa de serviço – art. 10.°-A
Disponibilidade – art. 80.°
Disposições subsidiárias – regime da função pública – art. 32.°
Distritos Judiciais – vid. Divisão Judicial
Diuturnidades – art. 22.°, n.ᵒˢ 2 e 6
Divisão Judicial – art. 8.°
Dolo – art. 5.°
Domicílio necessário – arts. 8.°, 158.°, n.° 1, d)

E

Estágios de formação – arts. 41.°, 42.°
Estatuto da Aposentação – art. 67.°

Estatuto Disciplinar dos Funcionários Públicos – art. 131.°
Estatuto dos Funcionários de Justiça – arts. 22.°, 162.°

F

Faltas – art. 10.°
– abandono de lugar – art. 125.°
– contagem de tempo de serviço – art. 73.°, n.°1, g)
Férias – art. 28.°
Foro próprio – art. 15.°
Função da Magistratura Judicial – art. 3.°
Funções docentes ou de investigação científica – art. 13.°

G

Graduação – art. 76.°
– correcção oficiosa de erros materiais – art. 79.°
– de magistrados punidos – art. 108.° –
reclamações – art. 77.°
– efeitos da reclamação – art. 78.°

I

Impedimentos – art. 7.°
Inactividade – contagem de tempo de serviço – art. 74.°, a)
Inactividade (pena de) – art. 85.°, n.°1, e)
– em que consiste – art. 89.°
– casos de aplicação – art. 94.°
– efeitos – art. 105.°
Inamovibilidade – art. 6.°
Incompatibilidades – arts. 13.°, 32.°
Indeferimento tácito – art. 172.°, n.° 3
Independência – art. 4.°
Infracção criminal – art. 83.°, n.° 2
Infracção disciplinar – art. 82.°
Infracções disciplinares – concurso – art. 99.°
Ingresso – requisitos – art. 40.°

Inquéritos – finalidade – art. 132.°, n.°1
– instrução – art. 133.°
– relatório – art. 134.°
– conversão em processo disciplinar – art. 135.°
– v., ainda, art. 158.°, n.° 1, *b*)
Inspecções – art. 36.°, 37.°, 160.° a 162.°
– periodicidade – arts. 36.°, 37.°-A
– a Juízes do S.T.J. ou das Relações – art. 162.° n.°3
– relatório – art. 85.°, n.° 5
– extraordinárias – art. 158.°, n.° 1, *a*)
– secretários – art. 162.°, n.ºs 4 e 5, 160.°, n.° 3
Inspectores – art. 159.°, n.° 5
– quadro – art. 150.°, n.° 3, 160.°, n.° 3
– nomeação – art. 162.°
– remuneração – art. 162.°, n.° 2
Instrutores – art. 159.°, n.° 5
Irresponsabilidade – art. 5.°

J

Jubilação – art. 67.°
– direitos e deveres – art. 68.°
– Magistrados jubilados – publicações oficiais – art. 21.°
– servindo de inspectores – art. 162.°, n.° 3
– renúncia à jubilação – art. 67.°, n.° 3
– retirada por processo disciplinar – art. 68.°
– suspensão – art. 67.°
Juízes das Varas – art. 45.° – A
Juízes da Relação – transferência – art. 49.°, n.ºs 2 e 3
– concurso e graduação – art. 47.°
– distribuição de vagas – art. 48.°
– nomeação – art. 46.°
– posse (competência para lhes conferir) – art. 61.°, n.° 1, *b*)
– regime subsidiário – art. 49.°, n.° 1
– remuneração – art. 22.°, n.° 4
– renúncia à nomeação – art. 47.°, n.° 3
Juízes de Circulo – nomeação – art. 45.°
– equiparação a – art. 45.°-A

Juízes de Direito – quadro complementar de juízes de 1.ª instância – art. 43.°
– posse (competência para lhes conferir) – art. 61.°, n.° 1, *c*)
Juízes do Supremo Tribunal de Justiça – ajudas de custo – art. 27.°
– concorrentes necessários – art. 51.°, n.° 2
– concorrentes voluntários – art. 51.°, n.° 3
– concurso – art. 51.°
– graduação – art. 52.°
– nomeação – arts. 50.° e 52.°
– posse (competência para lhes conferir) art. 61.°, n.° 1, *a*)
– remunerações – art. 22.°, n.° 4
Juízes dos Tribunais de Comércio – art. 45.°-A
– dos Tribunais de Execução das Penas – art. 45.°-A
– dos Tribunais de Família – art. 45.°-A
– dos Tribunais de Família e de Menores – art. 45.°-A
– dos Tribunais de Instrução Criminal – art. 45.°-A
– dos Tribunais de Trabalho – art. 45.°-A
– dos Tribunais Maritimos – art. 45.°-A
Juristas de reconhecido mérito – art. 51.°, n.° 3, *b*) e 6

L

Licença de longa duração – contagem de tempo de serviço – art. 74.°, *a*)
Licença sem vencimento de longa duração – art. 14.°
Licenças (férias e) – art. 28.°
Limite de idade – art. 67.°

M

Ministro da Justiça – arts. 23.°, 148.°, n.° 4, 150.°-A, 160.°, n.° 3
Movimentos judiciais – art. 38.°
– desistência – art. 39.°, n.° 4

– preparação – art. 39.º
– requerimentos para – art. 39.º
Multa (pena de) – arts. 85.º, n.º 1, b)
– em que consiste – art. 87.º
– casos de aplicação – art. 92.º
– efeitos – art. 102.º

N

Nomeação de Juízes de Direito – primeira nomeação – art. 42.º
– competência para a nomeação – art. 40.º

O

Ordem dos Advogados – Bastonário – Plenário do C.S.M. – art. 156.º n.º 4
Organizações representativas dos magistrados – art. 29.º, n.º 2
Organizações sindicais – arts. 10, n.º 3, 13.º

P

Participação emolumentar – art. 23
Penas – atenuação especial – art. 97.º
– medida das – art. 96.º
– efeitos —art. 101.º
– escalas – art. 85.º
– início da produção de efeitos – art. 123.º-A
– prescrição – art. 109.º
– registo – art. 85.º, n.º 2
Penas – substituição – aposentados ou fora da actividade – art. 100.º
Penas privativas de liberdade – forma de cumprimento – art. 160, n.º 3
Permutas – art. 43.º, n.º 5
Posse – falta – art. 60.º
– competência para a conferir – art. 61.º
– local – arts. 59.º, n.º 1, 158.º n.º 1, e)
– prazo para a tomada de – arts. 59.º, 158.º, n.º 1, e)
– requisitos – art. 59.º

Presidentes dos Tribunais – competência – art. 25.º
Presidente do S.T.J. – despesas de representação – art. 25.º
– competência para conferir posse – art. 61.º n.º 11 a)
– presidência do C.S M. – art. 137.º, n.º 1
– comissão de eleições para o C.S.M. – art. 143.º
Presidentes da Relação – competência para dar posse – art. 61.º n.º 1, c)
– competência para lhes conferir posse – art. 61.º, n.º 1, a)
– despesas de representação – art. 25.º
– comissão de eleições para o C.S.M. – art. 143.º, n.º 2
– participação no Plenário do C.S.M. – art. 156.º, n.º 5
Prisão – art. 16.º, n.º 1
Prisão – desconto na pena disciplinar – art. 94.º, n.º 2
Prisão preventiva – art. 16.º
– contagem de tempo de serviço – art. 73.º
– forma de cumprimento – art. 16.º, n.º 3
Procedimento disciplinar – arts. 81.º e segs.
– autonomia da jurisdição disciplinar – art. 83.º, n.º 1
– exoneração ou mudança de situação – art. 84.º
Processo disciplinar – normas processuais – art. 110.º
– competência para instauração – art. 111.º
– impedimentos e suspeições – art. 112.º
– natureza confidencial – art. 113.º
– prazo de instrução – art. 114.º
– número de testemunhas em instrução – art. 115.º
– suspensão preventiva – art. 116.º
– acusação – art. 117.º
– notificação do arguido – art. 118.º
– nomeação de defensor – art. 119.º
– exame do processo – art. 120.º
– defesa do arguido – art. 120.º
– testemunhas de defesa – art. 121.º
– documentos – art. 121.º

– diligências – art. 121.°
– relatório – prazo -art. 122.°
– notificação da decisão – art. 123.°
– nulidades e irregularidades -art. 124.°
– direito subsidiário – art. 131.°
Procurador-Geral da República – plenário do C.S.M. – art. 156.°, n.° 4
Procuradoria-Geral da República – art. 51.°, n.° 5
Promoção de magistrados arguidos – art. 108.°
Promoção à Relação – art. 46.°
Pronúncia – despacho que designa dia para julgamento – art. 71.°
Provimento interino – de Juízes de Círculo – art. 45.°, n.os 2 e 3
Provimentos – arts. 38.° e segs.
Publicações oficiais – distribuição – art. 21.°

R

Reclamações – disposição geral – art. 164.°
– das deliberações do C.S.M. – art. 165.°
– das decisões do Presidente, Vice-Presidente, vogais do C.S.M. art. 166.°
– efeitos – art. 167.° – A
– dos actos do Conselho Permanente, Presidente, Vice-Presidente ou dos vogais – art. 151.°, b)
Recursos – dos actos eleitorais para o C.S.M. – art. 145.° – disposição geral – art. 164.°
– legitimidade – art. 164.°, n.os 2 e 3
– competência do S.T.J. – art. 168.°
– fundamentos – art. 168.°, n.° 5
– prazo de interposição – art. 169.°
– efeito da interposição – art. 170.°
– forma de interposição – art. 171.
– requisitos do requerimento de interposição – art. 172.°
– suspensão do efeito do acto recorrido – art. 170.°
– questões prévias – art. 173.°
– convite para correcção de deficiências – art. 173.°, n.° 2
– resposta do C.S.M. e envio do processo – art. 174.°

– citação dos interessados – art. 175.°
– alegações – art. 176.°
– julgamento – art. 177.°
– vistos – arts. 173.°, n.° 3
– lei subsidiária – art. 178.°
– custas – art. 179.°, n.° 1
– preparos – art. 179.°, n.° 1
Reincidência – art. 98.°
Remunerações – arts. 1.°, 22.° e 23.°
Renúncia – art. 47.°, n.° 3
Responsabilidade civil – art. 5.°
Responsabilidade criminal – art. 5.°
Responsabilidade disciplinar – arts. 5.°, 81.°
Revisão de decisões disciplinares – v. decisões disciplinares

S

Secretário do C.S.M. – comissão de serviço – art. 56.°, n.° 1, d)
Secretários de inspecção – art. 162.° n.os 4 e 5
Sede dos Tribunais Judiciais – art. 8.°
Segredo de Justiça – art. 12.°, n.° 2
Serviço militar obrigatório – contagem de tempo de serviço – art. 73.°
– situação de disponibilidade – art. 80.°
Serviço urgente – art. 9.°
– suplemento remuneratório – art. 23.°-A
Sigilo profissional – art. 12.°, n.° 2
Sindicancias – finalidade – art. 132.°, n.°2
– instrução -art. 132.°
– relatório – art. 133.°
– conversão em processo disciplinar – art. 135.°
– vid., ainda, art. 158.°
Subsídio de compensação – habitação – art. 29.° n.° 2
Subsídio de fixação – art. 24.°
Substitutos dos magistrados judiciais – art. 1.°
Supremo Tribunal de Justiça – recursos nas eleições do C.S.M. – art. 145.°
Supremo Tribunal de Justiça – vid. Presidente do S.T.J.
– acesso – art. 37.°-A
– competência para os recursos do C.S.M. – art. 168.°, n.° 1

Suspensão de exercício de funções – art. 34.º, n.º 2, 65.º, n.º 3 e 4, 71.º, 73.º
Suspensão do exercício de funções (pena de) – art. 85.º, n.º 1, d)
– efeitos – art. 104.º
– contagem de tempo de serviço – art. 73.º
– casos de aplicação – art. 94.º
– em que consiste – art. 89.º
Suspensão de funções – arts. 65.º, n.ºˢ 3 e 4, 71.º
– contagem de tempo de serviço – art. 73.º, n.º 1, d)
Suspensão do acto – art. 170.º
Suspensão preventiva – art. 71.º, b).

T

Trajo profissional – art. 18.º
Transferência – condições – art. 43.º
Transferência – efeito da pena de suspensão de exercício – art. 104.º, n.º 3, b)
Transferência (pena de) – art. 85.º, n.º 1, c)
– em que consiste – art. 88.º
– casos de aplicação – art. 93.º
– efeitos – art. 103.º
Transferência a pedido – despesas de desiocação – art. 26.º, n.º 2
Transferência de Juízes da Relação – art. 49.º, n.ºˢ 2 e 3
Tribunal Colectivo – composição e funcionamento – art. 22, nota
– Presidente – remuneração – art. 22.º, n.º 3
Turnos – arts. 9.º, 28.º, n.º 6

V

Vice-Presidente do S.T.J. – despesas de representação – art. 25.º
Vogais do C.S.M. em tempo integral – comissão de serviço – art. 56.º, n. 1, e)

ÍNDICE DO ESTATUTO DOS MAGISTRADOS JUDICIAIS

Capítulo I – Disposições Gerais
    arts. 1.º a 7.º 15
Capítulo II – Deveres, Incompatibilidades, Direitos e Regalias dos Magistrados Judiciais
    arts. 8.º a 32.º 21
Capítulo III – Classificações
    arts. 33.º a 37.º 41
Capítulo IV – Provimentos
    Secção I – Disposições gerais
        arts. 38.º e 39.º 45
    Secção II – Nomeação de Juízes de Direito
        Subsecção I – Condições de ingresso
            arts. 40.º a 45.º 47
    Secção III – Nomeação dos Juízes das Relações
        arts. 46.º a 49.º 54
    Secção IV – Nomeação de Juízes do Supremo Tribunal de Justiça
        arts. 50.º a 52.º 56
    Secção V – Comissões de Serviço
        arts. 53.º a 58.º 59
    Secção VI – Posse
        59.º a 63.º 62
Capítulo V – Aposentação e suspensão de funções
    Secção I – Aposentação
        arts. 64.º a 68.º 65
    Secção II – Cessação e suspensão de funções
        arts. 70.º e 71.º 69
Capítulo VI – Antiguidade
    arts. 72.º a 79.º 72
Capítulo VII – Disponibilidade
    art. 80.º 76
Capítulo VIII – Procedimento disciplinar 77
    Secção I – Disposições gerais 77
    Secção II – Das penas 79
        Subsecção I – Espécie de penas 79
        arts. 85.º a 90.º 79
        Subsecção II – Aplicação das penas
            arts. 91.º a 100.º 83

Subsecção III – Efeitos das penas
arts. 101.º a 109.º.. 87
Secção III – Processo disciplinar
Subsecção I – Normas processuais
arts. 110.º a 124.º.. 93
Subsecção II – Abandono de lugar
arts. 125.º e 126.º.. 101
Secção IV – Revisão de decisões disciplinares
arts. 127.º a 130.º.. 101
Secção V – Direito subsidiário
art. 131.º... 103
Capítulo IX – Inquéritos e sindicâncias
arts. 132.º a 135.º.. 104
Capítulo X – Conselho Superior da Magistratura
Secção I – Estrutura e organização do Conselho Superior da Magistratura
arts. 136.º a 148.º.. 106
Secção II – Competência e funcionamento
arts. 149.º a 159.º.. 115
Secção III – Serviços de inspecção
arts. 160.º a 162.º.. 128
Secção IV – Secretaria do Conselho Superior da Magistratura
art. 163.º... 130
Capítulo XI – Reclamações e recursos
Secção I – Princípios gerais
art. 164.º... 131
Secção II– Reclamações
arts. 165.º a 167.º.. 132
Secção III – Recursos
arts. 168.º a 178.º.. 134
Secção IV – Custas e preparos
arts. 179.º.. 142
Capítulo XII – Normas finais e transitórias
arts. 180.º a 189.º.. 142
ADENDA I – Exposição de motivos – proposta de Lei n.º 276/VII........ 147
ADENDA II – Regulamento das Inspecções Judiciais 149
ÍNDICE ANALÍTICO 163
ÍNDICE GERAL DO ESTATUTO DOS MAGISTRADOS JUDICIAIS.... 171